Galaxia Literaria

Lucy Castillo & Vanessa Cano

# ¿Y SI DEJAS DE HACERTE PENDEJ@?

*Retoma el control de tu vida*

—360° CHANGE YOUR LIFE—

Galaxia Literaria

¿Y SI DEJAS DE HACERTE PENDEJ@?

*Lucy Castillo & Vanessa Cano*



Primera Edición: 2021

Cuidado editorial por cuenta de las autoras.

Proyecto gráfico e impresión: Punto&Coma Editores, distribuido bajo el sello editorial Galaxia Literaria.
*hola@galaxialiteraria.com*
*www.galaxialiteraria.com*
*informes@puntoycomaeditores.com*
*www.puntoycomaeditores.com*

Guadalajara, Jalisco. México.
Tel. 33 14822765

ISBN-13: 979-8-528-58170-5

Esta obra se terminó de imprimir en julio de 2021.
Impreso y hecho en México.
*Printed and made in Mexico.*

*A todos, sí, a los que han coincidido en este camino conmigo: en lo bueno y en lo malo; porque me permitió tener la oportunidad de ser verdaderamente yo y transformar mi mundo.*

Lucy Castillo

* * *

*Al Universo por mostrarme la magia que existe en mí. A todos los que han tocado mi vida en algún sentido, por ser un reflejo de lo que requiero trabajar en mí. A ti por darte la oportunidad de iniciar tu transformación al leer este libro, y por supuesto, a mí, por haberme elegido, porque sé que, para transformar el mundo, primero tengo que transformarme yo.*

Vanessa Cano

# CONTENIDO

Lucy Castillo & Vanessa Cano

# ¿Y SI DEJAS DE HACERTE PENDEJ@?

*Retoma el control de tu vida*

—360° CHANGE YOUR LIFE—

Galaxia Literaria

# PRESENTACIÓN

Este libro puede ser igual a muchos otros que ya hayas leído con anterioridad o quizá puede ser totalmente diferente; te pedimos, no hagas juicios anticipados sobre los temas que trata, los resultados que pudieras obtener o la información que tuvieras sobre nosotras, sólo permítete disfrutar cada momento de lectura, date la oportunidad de recibir de manera ilimitada, toda la información que tenemos para ti.

Sabes, cuando nosotras elegimos compartir lo escrito en estas páginas, fue por toda la transformación que generó el vivir a través de la *consciencia* y la *presencia* en cada uno de nuestros días.

Algunas de las herramientas que hemos plasmado en este libro, están fundamentadas en *Access Consciousness* ®, creadas por Gary Douglas hace 30 años. Y partiendo de nuestra experiencia, dado que hace algunos años, ambas autoras nos enfrentamos a situaciones muy complicadas de nuestra vida personal; estas técnicas nos ayudaron a transformar nuestra realidad. Por lo cual, queremos compartir, desde nuestra experiencia, perspectiva y agradecimiento para que elijas, qué realidad vas a crear hoy en tu vida.

Cuando tú eliges una vida diferente, todo a tu alrededor se transforma, porque puedes empezar a percibir la enorme contribución que verdaderamente eres. Estamos muy acostumbrados a buscar de qué manera podemos encajar en la sociedad, de que todo sea correcto para evitar críticas o señalamientos. Sin embargo, cuando decidimos hacer este libro, fue después de muchos tropiezos, cuando nos dimos cuenta que puedes elegir transitar este camino con más facilidad.

En ocasiones, hemos escuchado que, si tú trabajas desde tu ser interior, puedes transformar de forma automática, tu ser exterior. Para nosotras, lo más recomendable es que trabajes tu ser en conjunto, en unidad. Por lo que, una forma de poder integrar la magia que llevas dentro con la manera de percibirte y, la forma de comunicarte con los demás, es proyectándola y ser esa luz que ilumina cualquier lugar y situación; que los demás aprecien en ti las posibilidades infinitas que el Universo tiene para todos, solo es cuestión de decisión.

Aquí encontrarás temas que quizá pensaste no iban de la mano, pero pueden tener mucho sentido cuando los comienzas a relacionar. Este libro lo hemos divido en tres capítulos, en el primero hallarás una serie de preguntas con el objetivo de que asimiles esa profunda conexión que tenemos con el Universo y de hacerte consciente de tu *ser infinito e ilimitado*. En el segundo, te ayudaremos a mejorar tu imagen externa. Qué elementos debes tomar en cuenta para lograr todos tus propósitos. En el tercero, cómo puedes empoderarte y salir adelante, expandiendo tu energía, a través de reconocerte.

Te pedimos que estés dispuesto a realizar un cambio de 360º. Que explotes todo el potencial que hay en ti. Que puedas elegir desde tu *ser infinito e ilimitado* para crear más en tu realidad. Que estés en comunión con el Universo y percibas las infinitas posibilidades que te brinda. **¿Y si dejas de hacerte pendej@?** Y retomas el control de tu vida.

*Lucy Castillo & Vanessa Cano*

# I. APRENDIENDO A SER MAGIA

## ¿Cómo puedo crear diferentes posibilidades en mi vida?

Este libro está pensado para que consideres un punto de vista diferente al que normalmente conoces, en el cual todo lo que eres y todo lo que tienes es como tiene que ser, es lo que te tocó vivir, es el destino que debes seguir, y donde tú no puedes transformarlo. Pero no es así, déjanos decirte que has vivido limitado dejando que tus circunstancias, tu vida u otras personas tengan la responsabilidad de ti, de tu vida y de lo que eres; te entendemos perfectamente porque es más fácil echarles a otros la culpa de lo que te sucede, que hacerte consciente de tus decisiones.

Todos hemos estado en ese lugar, o al menos la gran mayoría de los seres humanos que habitamos este mundo y hemos creído lo mismo, que somos protagonistas de una telenovela dramática porque todo nos sucede.

Escapa de ese melodrama. ¡Retoma el control! Entiende que tú y solo tú has creado todo en tu vida. Cuando decimos **todo**, nos referimos a **todo**: tu familia, tu trabajo, tu situación financiera, tu cuerpo, tu salud, todo. Y hasta que te hagas consciente de esto, es que vas a poder avanzar al siguiente nivel.

Es importante que abras los ojos y te caiga el veinte, que todo lo elijes, tú. Cada segundo, cada minuto, cada hora, cada día estás creando tu realidad; así que para que comiences a crear otra diferente a la que tienes actualmente, requieres de consciencia para abrirte a las infinitas posibilidades que el Universo tiene para ti.

Y te preguntarás: ¿Cómo hago esto? ¿Cómo sé que hay más posibilidades para mí? Primero, debes aprender a ser consciente y estar presente; segundo, saber elegir aquello que va a crear más en tu vida desde lo que tú quieras, es decir, buscando desde tu verdadero ser; tercero, analiza todas tus elecciones para que se generen más y encuentres un abanico de posibilidades infinitas en tu vida.

## DESPÍDETE DE TU ANTIGUO YO

Es el momento de decirle adiós a tu antiguo yo, a ese *ser finito y limitado* que te consideras, porque otros te lo habían dicho, porque habían creado esa realidad para ti, que tú te compraste como tuya, muy limitada y que hacía que no crecieras. Así que, ahora mismo, ponte frente a un espejo y despídete de tu anterior yo; agradécele por todo lo que te dio, por el camino que recorrieron juntos, sin juicios, sin rencor, para llegar a este punto, es momento de encender tu luz; brilla tan fuerte que ilumines tu vida, tu presente y tu futuro y el de los demás a tu alrededor.

## RECONÓCETE COMO EL ***SER INFINITO E ILIMITADO*** QUE EN VERDAD ERES

Te aceptas como el *ser infinito e ilimitado* cuando eres tú. Un ser que tiene libre albedrío, un ser consciente que elige su realidad y que pone en marcha su verdadero potencial; libre de juicios, de puntos de vista, de opiniones externas y de todo lo que lo limita. Eres tú quien tiene el poder de crear su existencia, aquí y ahora, llena de infinitas posibilidades. Esto lo puedes hacer de manera inmediata cuando te des cuenta y reconozcas a ese *ser infinito e ilimitado* que hay en ti, siendo auténtico, permaneciendo en total permisión y dejando de esconder tu verdadero ser para quedar bien con alguien más, o por miedo al qué dirán.

Cuando te expandes desaparece el miedo, el querer estar en lo correcto y el querer pertenecer. ¿Y si te permitieras ser ese loco que en verdad eres?, ¿Y si te valiera madres lo que los demás opinan de ti? ¿Y si realmente fueras tú? ¿Cuántas grandiosas aventuras vivirías si realmente fueras tú?

Ahora, solo debes darte cuenta de que todo lo que requieres, ya lo tienes; pero estás tan distraído que no lo percibes o no lo ves, por lo tanto, no lo ejecutas de manera inmediata. Solo es cuestión de que lances la petición al Universo, para que este te responda y que todo llegue a ti con facilidad.

Hay que enfatizar algo muy importante, como *ser infinito e ilimitado*, debes de estar dispuesto a recibir críticas, juicios y opiniones encontradas de los demás. Si estás dispuesto a esto podrás recibir, porque mientras tu permaneces en total permisión, sin puntos de vista, sin juicios, sin expectativas, es que atraes esa misma energía del Universo, y él te responderá de formas inimaginables.

De esta manera, lo que deseas va a llegar y puede manifestarse de muchas formas, quizás un poco diferente a lo que imaginaste. Recuerda, las posibilidades son infinitas, tan infinitas como estrellas en el cielo.

Por eso es importante que te conectes con ese *ser infinito e ilimitado* que en verdad eres, para que, cuando el Universo te muestre otras posibilidades, las veas y sepas que están disponibles para ti, que están totalmente a tu alcance y no pasen desapercibidas por tu anterior yo. Y recuerda, para el *ser infinito e ilimitado* no hay pretextos; todo es posible y llega con facilidad, entonces ¿qué elegirías como el ser infinito que en verdad eres?

## Haz que las barreras desaparezcan

Las barreras son murallas que construimos a nuestro alrededor, como el caparazón de una tortuga para escondernos debajo, resguardarnos y sentirnos a salvo. Desde muy temprana edad, ponemos esas barreras invisibles a nuestro alrededor y las vamos haciendo cada vez más fuertes, más impenetrables para protegernos del exterior y no resultemos lastimados por la demás gente.

Cada vez, vamos subiendo las barreras. Si tienes una mala experiencia, subes las barreras, si te frustras por algo que te pasa, subes las barreras, si te enojas o te entristeces, subes las barreras. Así, que mientras permanezcas con las barreras arriba, lo único que haces es impedir recibirlo todo, porque no estás funcionando desde tu *ser infinito e ilimitado*, el cual no requiere protegerse de nada ni de nadie.

Cuando tienes las barreras arriba el único que queda atrapado eres tú, y ¿qué sucede?, pues no te permites recibir todo lo bueno, todo lo maravilloso del planeta, del mundo y de las personas, creando una separación entre el Universo y tú. Y cuando hay esta separación, no está funcionando el *ser infinito e ilimitado* que en verdad eres; una vez que está presente en ti y te haces consciente, puedes bajar las barreras, te puedes permitir ser vulnerable; y recibirlo todo.

Aquí se deriva otro punto importante, "el recibir todo", implica: lo bueno, lo malo y lo horrible. Sí, tal cual lo lees, también lo malo y lo horrible, porque solo cuando estás dispuesto a recibir todo, es que te abres a elegir lo que va a contribuir a tu vida, y lo que no; por supuesto que no se trata de recibir la porquería de los demás, ni que te pongas de tapete para que te pisen, simplemente externar cuando no estás de acuerdo, lo que no te gusta o te incomoda.

### ¿CUÁNDO BAJO BARRERAS?

Bájalas siempre que te acuerdes: al levantarte todas las mañanas, al acostarte por las noches, al realizar tus labores diarias, cuando haya algo que no puedas resolver, cuando te encuentres en medio de una discusión, cuando te moleste algo, si te sientes angustiado, con ansiedad, con estrés; al bajar las barreras te vas a encontrar en el estado de permisión para ser tú, tu estado de ánimo cambiará y obtendrás un resultado diferente.

¿CÓMO LOGRO BAJAR BARRERAS?

Debes repetir en tu mente de forma imperativa: "cuerpo baja barreras", "baja barreras", "baja barreras". Esta orden, que tu cerebro emite a tu cuerpo, hará que de manera automática bajen las barreras; no es necesario que lo visualices, pero si a ti te funciona puede ayudar.

## Expande tu energía

Todo en la tierra es energía. La naturaleza, el aire, el viento, el sol, los animales y las cosas ordinarias como la silla y la computadora son energía; también los seres humanos somos energía, por cada una de nuestras células corre energía, pero muchas veces, cuando tenemos algún problema, nos encontramos bajo la presión del estrés y nos enfermamos, nuestra energía se contrae, la respiración se acorta, no pensamos con claridad, en consecuencia, cortamos ese flujo de energía.

Así que, cuando de manera consciente y en total presencia expandimos nuestra energía, nuestro campo electromagnético también se expande; y es en ese momento que accedemos a nuestro potencial infinito e ilimitado, a nuestra consciencia, y podemos crear la vida que verdaderamente deseamos.

A veces, creemos que las cosas tienen que ser difíciles, quizás te suene muy complicado "expandir la energía", pero no lo es; te vamos a poner un ejemplo: respira profundamente; ahora, piensa en un lugar que te guste mucho, ya sea que hayas estado antes o que solo lo conozcas en foto o en video y desees conocerlo; hazlo, viaja, transpórtate, ya sea que estés frente a la Torre Eiffel, caminando en un bosque, escalando una montaña. ¿Por qué no? Podrías estar al lado de un lago en Islandia viendo las auroras boreales. ¡Qué maravilla! Te das cuenta como con solo imaginarte estar en un lugar, no importa si lo conoces o no, si has estado antes, tu energía está ahí, porque te expandiste a otro lugar, a otro país, así de súper poderoso eres.

No se trata de magia, es tu *ser infinito e ilimitado* que con solo decir "me expando", puede viajar a través del tiempo y del espacio a otros lugares, países, planetas y universos; entre más te expandes, más abres tu capacidad de recibir, más le permites al Universo que te muestre lo que tiene para ti. ¿Qué tal si eliges expandirte?, ¿qué tal si reconoces que eres más que tu cuerpo físico y que puedes expandirte? Entonces, ¡hazlo!

## ¿Cómo puedo tener más facilidad de creer y crear?

Pregúntate: ¿qué debes hacer para creer que puedes crear tu realidad? ¿Cómo puedes tener más facilidad para crear tu realidad? Las cosas no te pasan solamente porque sí. La gente que está en tu vida, no está así, nada más; la abundancia o carencia no es un castigo o premio de Dios ¡tú la creas!, absolutamente todo lo que está en tu realidad, tú lo creaste. Tú eres el único que puede elegir lo que quieres crear en tu vida, solo tú sabes lo que te hace feliz, lo que te divierte, lo que te expande; hazlo creyendo que tu verdadero *ser infinito e ilimitado* lo puede hacer.

Así que ya deja de quejarte, deja de responsabilizar a los demás por lo que te pasa, deja de juzgar lo que hiciste o te hicieron y pon manos a la obra; pregúntate ¿qué es lo que va a crear más en mi vida?, ¿qué es ligero para mí? Ahora, baja las barreras, expándete y ábrete a recibir las señales que el Universo tiene para ti.

Tú eres el creador de tu realidad, no nos vamos a cansar de decirlo y si lo tenemos que repetir 100 veces, así lo haremos. ¡Tú eres el creador de tu realidad! Entiéndelo de una vez por todas. Hasta que lo asimiles es que vas a lograr lo que quieras. Sobre todo, ten presente que el Universo siempre te está respaldando. Mientras tú das un paso para crear lo que quieras en tu realidad, él da 1000 pasos para actualizarla de las formas que menos te imaginas.

## COMPROMÉTETE CON TU PALABRA

Existen varias formas para tener más facilidad de crear tu realidad, el comprometerte con tu palabra es una de ellas. Esto significa, que tú le des valor a todo lo que dices y que seas congruente con lo que haces, sin duda, es la mejor manera para que el Universo te respalde, ya que crearás un compromiso.

Te has dado cuenta que muchas veces respondes sin prestar atención a lo que te dicen, dices cosas por decir, respondes sin escuchar la pregunta, y así vas por la vida, en "piloto automático". Estás de acuerdo que, actuando así, no vas a crear la vida de tus sueños, porque también se va limitando tú poder de creer en ti.

El primer paso para valorar tu palabra y ser congruente, es empezar por ti, siendo honesto, ¿cuántas veces dices que vas a hacer algo y no lo haces?, desde cosas como el lunes empiezo la dieta y no lo haces, mañana empiezo a correr y no lo haces, me voy a poner a hacer mi tesis, y tampoco lo cumples. El punto aquí es que entiendas, que, si tú no cumples tu palabra, ¿qué pueden esperar los demás? ¿de qué manera te puede respaldar el Universo?

Una vez que comienzas a valorar tu palabra contigo mismo, es momento de comprometerte con los demás; desde cosas tan simples como si dices mañana te llamo, o nos vemos el fin de semana para comer, o paso en la noche para llevarte los papeles, hazlo; porque un *ser infinito e ilimitado* cumple su palabra, es congruente.

Cuando comprometes tu palabra, ya sea, por quedar bien, por no saber qué decir, o por el qué dirán, en realidad no estás siendo consciente de que no vas a crear más en tu vida; porque de antemano sabes que no lo cumplirás, o si lo haces, será desde la pesadez y esto, no te contribuirá.

¿Y sabes por qué lo haces?, ¿por qué no te comprometes con tu palabra?, porque crees que, si dices algo y no lo cumples, no va a pasar nada, nadie se va a dar cuenta, porque así lo hacen otros y ¿tú porque no? Y sí en efecto, mucha gente lo hace y ¿qué crees?, tampoco están obteniendo los resultados que desean en su vida. No están teniendo la vida que anhelan, viven una realidad llena de limitaciones; voltea y observa a los grandes, a los poderosos, a los que consiguen resultados, a los chingones; y ve qué hay en ellos que también está en ti, **¡Y si dejas de hacerte pendej@!**

Si decides hacer las cosas diferentes, los resultados cambiarán. ¿Qué pasaría si tú mismo valoras tu palabra? ¿Qué energía, espacio y consciencia requieres ser, saber, percibir y recibir para comprometerte con tu palabra?

## Sé consciente de la forma de expresarte

Para tener más facilidad de crear tu realidad y valorar tu palabra requieres hacerte consciente de cómo te expresas y qué palabras usas; así que mientras más amplíes tu vocabulario, mejores serán los resultados que obtendrás en tu vida.

Por eso, una de nuestras recomendaciones es que no des por hecho que lo conoces todo, ¿sabías que hay muchas palabras que usas de manera cotidiana y que tú crees que significan algo y en realidad no es así? Sería muy recomendable que uses el diccionario cuando tengas duda sobre alguna palabra, y seas responsable de lo que quieres transmitir. ¿Cuánto puedes crear si utilizas con consciencia la energía de las palabras?

### BENDECIR

Es una palabra que proviene del latín *benedicere* "hablar bien de uno" (Oxford Léxico, 2021); desearle un beneficio, agradecer, proteger; así como maldecir es desear un mal, cargar de energía negativa las palabras y el mal deseo que conlleva. Si tú bendices a todos los que se atraviesen por tu camino, es una excelente forma de crear más en tu vida, cuando tú les deseas el bien a los otros, te empoderas a ti mismo desde ese *ser infinito e ilimitado*.

Compartir bendiciones implica abrirte a infinitas posibilidades con pequeños actos: sonreírle a alguien, saludar con un "hola", decir una palabra de aliento, dar una palmadita en la espalda, obsequiar una moneda, cualquier pequeño detalle que haga que la otra persona se sienta vista, reconocida y valorada, cambiará por completo la energía de ambos.

¿Te das cuenta de que pequeñas acciones en tu vida pueden cambiar por completo, la vida a alguien más? ¿Estás dispuesto a ser ese cambio en la vida de alguien más?

## APRENDE A DECIR "NO"

Otra herramienta indispensable es saber decir que no cuando se requiere. El decir no es una manera de mostrarle al Universo que te eliges a ti en primer lugar, que antepones tus necesidades a las de los demás, y que eres el ser más importante en tu vida; cuando lo haces, te vuelves una contribución para el otro y para el Universo.

Seguramente, alguna o varias veces te ha pasado que aceptas una situación por la pena o miedo a no quedar mal ante la persona, por el juicio que podrían hacer de ti y vas en contra de lo que piensas o quieres hacer, ejemplos: vas a lugares que no te gustan, estás en relaciones que ya no quieres, compartes con personas que no suman a tu vida, y un sinnúmero de situaciones; pero ¿qué crees?, cuando eliges actuar desde esta energía, contraes a tu *ser infinito e ilimitado* a ser quien no es.

Elige con consciencia y en presencia de tu verdadero ser, cuando requieras decir si, y cuando requieras decir no. Elige la energía que te contribuya más, actúa desde la consciencia, y esto te permitirá crear más en tu vida.

## ¡CELÉBRATE CADA DÍA!

Sí, celebra tu vida cada día como si fuera tu cumpleaños, como si te hubieras graduado de la escuela, como si fuera la Noche Buena o el día de los Reyes Magos, ¿por qué no celebrar cada día con esa actitud de felicidad, de gratitud, de emoción, de placer, de locura? ¿Te imaginas vivir así cada día? ¿Cuánta facilidad crearías alrededor tuyo celebrándote cada día? ¿Cuánto crearías cada día con día por solo disfrutar al máximo? Te has puesto a pensar cuántos días de tu vida has vivido, y de esos días que has vivido ¿cuántos has celebrado tú vida?, ¿cuántos días verdaderamente te has expandido en todo tu *ser infinito e ilimitado* siendo verdaderamente tú?

Veamos el siguiente ejemplo: una persona que tiene 35 años, ha vivido 12 784 días, aproximadamente. Si suponemos que durante todo este tiempo ha celebrado 35 días por cada cumpleaños, más cinco días por haberse graduado de la escuela(contando educación preescolar, primaria, secundaria, preparatoria y universidad), más 70 días por la celebración de Año Nuevo y Navidad, más el día cuando se comprometió en matrimonio, más otro de casamiento y 15 días de luna de miel, más el día que celebró que iba a tener un hijo, más el día que nació, más 20 viajes de vacaciones cada uno de 10 días de duración (200 días), más fiestas de familia y amistades (bodas, cumpleaños, graduaciones, etc.), son un total de 600 días. Y contemplemos 2000 días más de celebraciones, que no estemos incluyendo, da un total de 2929 días.

Nos encantaría que este ejemplo sirva para que tú realices el cálculo de los días que has celebrado realmente, y te preguntes ¿cuántos has sido muy feliz?, ¿cuántos has actuado desde ese *ser infinito e ilimitado* que eres?, ¿cuántos de esos días has vivido desde la consciencia de divertirte, de placer, de alegría?, Haz tu cuenta, te aseguramos que no serán muchos. Aunque aquí la cuestión es, ¿cuántos días más vas a pasar sin celebrarte? Sin celebrar tu vida, que estás vivo, que respiras, sin celebrar quien verdaderamente eres.

Ya sabes que tienes el poder de crear tu realidad, tu vida, de actualizarla aquí y ahora, solo es cuestión de abrirte y elegir las posibilidades que el Universo tiene para ti. Hazlo y di: "Sólo por hoy mi vida será una celebración". Repítelo diariamente por las mañanas, una, 10, 100 o las veces necesarias. Pregúntate, ¿qué voy a elegir para que a partir de hoy celebre en total consciencia y presencia todos los días mi vida, con facilidad y gozo?

## ¿Cómo puedo ejercitar la consciencia y la presencia?

La conciencia y presencia, funciona desde tu *ser infinito e ilimitado*, ese ser que no juzga, que no vive en la polaridad de lo bueno o lo malo; que vive desde el Interesante Punto de Vista (IPV) de todo y de todos, que elige entre las infinitas posibilidades lo ligero para él, lo auténtico, lo que te suma y esto se hace cuando estás en plena consciencia y presencia.

Es importante recordar que la consciencia abarca todo: lo bueno, lo malo y lo horrible, y no juzga nada. Así, cuando reconoces todo, tienes el poder de elegir desde donde vas a funcionar tú en relación con lo que suceda.

Por ejemplo, un asalto, una enfermedad, un accidente, problemas financieros y demás, se deben contemplar desde lo consciente, porque la consciencia abarca todo, incluyendo estos hechos; la cuestión es saber ¿qué es lo que te funciona a ti?, ¿qué vas a elegir ante estas situaciones? En lugar de cuestionar ¿por qué a mí?, preguntes ¿para qué me está pasando? ¿qué tengo que aprender de esta situación?

Por lo tanto, ante una situación así lanza la pregunta: ¿qué energía, espacio y consciencia requiero para ser, saber, percibir y recibir con facilidad y gozo? Mientras más consciente eres y más presente estás, más posibilidades se abren, para que elijas lo que va a ser contributivo para ti; y lo que no, simplemente lo dejes pasar, sin distraerte con ningún tipo de emoción o sentimiento.

## IMPORTANCIA DE VIVIR AQUÍ Y AHORA

Para ejercitar la consciencia y la presencia es importante que te enfoques aquí y ahora, porque el pasado ya paso y el futuro aún no existe. Sabes que tienes el poder de crear tu realidad, tu realidad es el hoy, este momento, este segundo, entonces enfócate, no te distraigas en lo que pudo ser o preocupándote por lo que será.

Aparta de ti los malos recuerdos del pasado, deja de lamentarte por lo que te sucedió cuando eras pequeño, por lo que viviste, ya pasó; lo importante es pensar como el *ser infinito e ilimitado*, consciente y decidir ¿qué vas a hacer?, ¿qué te puede funcionar en tu presente?

Deja de preocuparte por el futuro, deja de preguntarte ¿cómo será tu vida? Cuando haces esto parte de tu presente, desaprovechas tu poder de creación para actualizar todo lo que requieras en esta realidad, gastas tu valioso tiempo y energía en algo que no rendirá frutos.

Cuando hablamos de vivir aquí y ahora, también nos referimos a que seas consciente de recibir de todo y de todos; cuando lo haces estarás abriendo las posibilidades de crear tu realidad, recuerda, el Universo siempre te respaldará. ¿Cuánto más recibirías si estuvieras dispuesto a recibir de todo y de todos? No juzgues de quién sí recibes y de quién no recibes, porque al hacerlo estás limitándote a tomar solo el 1% de todo que el Universo tiene para ti.

Lo importante de elegir qué va a crear más en tu presente, es estar dispuesto a ganarlo o perderlo todo. Sí, tú estás dispuesto a ganar o perder, vives realmente aquí y ahora y tus elecciones las harás en función de tu *ser infinito e ilimitado*, arriesgando todo en total consciencia y presencia de elegir cómo va a contribuir en tu vida, sin importar las consecuencias de tus elecciones; porque siempre será para bien, ¿cuánto más recibirías, si estuvieras dispuesto a ganar y perderlo todo en tu vida?

## VIVIR EN INCREMENTO DE 10 SEGUNDOS

¿Te imaginas tener el súper poder de elegir lo que vas a crear en tu vida cada 10 segundos? Pues, ¡lo tienes!, sí, eres un súper héroe o súper heroína que con solo elegirlo puedes crear una realidad diferente a la que vives durante los próximos 10 segundos, y así puedes vivir cada día con ligereza y en expansión.

Sí, sabemos que nos han enseñado que lo que nos pasa en nuestra vida, así debe ser y no se puede hacer nada al respecto, porque es nuestro destino; por ejemplo, hace 15 años te casaste y no vives feliz con tu pareja, no puedes hacer nada al respecto más que vivir el resto de tu vida con esa persona que no quieres, con la que no eres feliz, porque debes acatar las reglas de la sociedad, o de la iglesia. Otro ejemplo, si estudiaste para médico casi 20 años y después de ejercer por cinco años te das cuenta que tu pasión es cocinar, pues no puedes dedicarte a lo que te gusta, porque te van a juzgar y dirán, para qué perdiste tanto tiempo estudiando.

Y al vivir en esta energía de limitación en tu vida, creas más limitación. Si vives desde el incremento de 10 segundos, creas ligereza y expansión en tu vida, sabiendo que estás actuando desde tu *ser infinito e ilimitado*, que se puede equivocar, que se puede caer y levantar, y que puede elegir cada 10 segundos algo diferente.

Ahora responde la siguiente pregunta: si tuvieras 10 segundos para elegir el resto de tu vida ¿qué elegirías? ¿qué haría tu *ser infinito e ilimitado*? Es reconfortante saber que puedes elegir, equivocarte y aprender en todo momento.

## VIVE EN GRATITUD

La gratitud es una herramienta que te conecta contigo, con el Universo, que te permite ser, saber, percibir y recibir, lo que verdaderamente eres. Gratitud es un estado de permanente agradecimiento, cuando agradeces por todo lo que hay en tu vida, e incluso por lo que no hay. Le estás dando señales al Universo que te abres a recibir de todo y de todos y también, a dar a otros cuanto está en tus posibilidades.

Para permanecer en esa conexión con el Universo se requiere que elimines el juicio de tu vida; la gratitud y el juicio no pueden coexistir al mismo tiempo. Una de las principales razones por la cual no recibimos, es por ser adictos a polarizarlo todo, a etiquetar las cosas como buenas o malas, correctas o incorrectas.

Esto solo hace que construyas más barreras a tu alrededor; como ya lo vimos, las barreras solo te limitan, te separan de quien en verdad eres y, al eliminar los juicios y mantenerte en la energía de la gratitud, derribas por completo las barreras.

La idea no es solo que vivas en gratitud, sino que seas la gratitud, y cuando te conviertes en la gratitud, cuando creas esa conexión con el Universo, todo llegará a ti con total facilidad. ¿Cuánto más puedes crear en tu vida si te conectas con la gratitud, si te vuelves la gratitud? Recuerda, una de las vibraciones más elevadas del Universo es la gratitud, para ejercitar la consciencia y la presencia, debes permanecer en frecuencia con la gratitud, el mayor tiempo posible.

### CONECTA CON LA NATURALEZA

La naturaleza es un excelente ejemplo de dar y recibir de todo y de todos, sin esperar nada a cambio. Una planta no dice: "hoy me levanté con ganas de dar 23 hojas"; o un árbol "hoy solo quiero dar sombra", no. La naturaleza da y recibe y así justamente es como deberíamos actuar desde nuestro *ser infinito e ilimitado* ofreciendo y recibiendo con facilidad y gozo. Y cuando recibes de todo y de todos, vives ligero para ti, desde lo verdadero, desde tu legítimo ser.

Por lo tanto, conecta con la naturaleza, convive, recibe, solo es cuestión de que tu estés dispuesto a recibir. Y bien, ¿qué esperas?, ve al parque más cercano a tu casa y pisa el pasto estando descalzo, mójate bajo la lluvia, abraza un árbol; la naturaleza tiene una frecuencia tan elevada, que puede cambiar tu estado de ánimo. Ahora lanza la demanda al Universo, ¿qué energía, espacio y consciencia tienen tu cuerpo y tú para recibir de la naturaleza en total expansión?

## ¿Cómo vivir desde la pregunta?

Es importante que sepas, que, el propósito de la pregunta no es obtener una respuesta, no es llegar a una conclusión, es abrirte a las posibilidades del Universo, para que percibas, te expandas, y recibas con facilidad y gozo.

Cuando eliges con más consciencia, y lo haces desde ese espacio, estás siendo auténtico, ese *ser infinito e ilimitado* del que tanto hemos hablado. Cuando decimos: "vive desde la pregunta", realmente queremos decir que tú te conviertas en la pregunta, que seas esa energía, para que muevas la energía en el Universo y expandas tu consciencia, eso hará que tengas más claridad en tus peticiones.

---

🔔 **IMPORTANTE:** LA PREGUNTA EMPODERA, LA RESPUESTA Y LA CONCLUSIÓN DISMINUYE ESE PODER.

---

Solo haz la pregunta y no concluyas, mantente en la postura de saber que el Universo te está escuchando y en algún momento, te responderá. ¿Cómo?, ¿cuándo?, no lo sabemos, solo te pedimos que no te desesperes; solo mantente presente y sé consciente para recibir del Universo. Pregúntate: ¿qué energía, espacio, consciencia, puedo ser para convertirme en la pregunta?

### TU VARITA MÁGICA PUEDE SER "LA PREGUNTA"

Una de las mejores herramientas, definitivamente es "la pregunta" y funciona semejante, a una varita mágica. Si comienzas a hacerte preguntas, comienzas a abrir las infinitas posibilidades que el Universo te ofrece.

El mayor deseo del Universo es que pidas y que recibas. La mejor manera de pedir es lanzando la demanda al Universo; haz la pregunta y quédate en silencio por un momento, deja que tu energía colme tu espacio y el Universo la reciba (Heer, 2011). Y cuándo hacer preguntas: cuando tengas duda, cuando quieras transformar algo, cuando quieras saber algo, cuando no sepas, sólo pregunta.

Tú, como *ser infinito e ilimitado*, tienes el poder de crear todo en tu vida. La mejor manera de crear lo que quieres tener en tu realidad es utilizando "la pregunta", por ejemplo: Si tú, de manera imperativa, dices "quiero un millón de dólares", por qué no preguntas, "Universo, ¿cómo puedo crear mejores ganancias para vivir de una forma despreocupada?". Recuerda, si no preguntas, no estarás abriendo posibilidades en tu vida y tu realidad no se actualizará.

## ¿QUÉ MÁS ES POSIBLE?

Muchas cosas. Si tú te preguntas, ¿qué más es posible?, generas esa energía accesible para crear más y más posibilidades en tu vida. Debes siempre preguntar: ¿Qué más es posible? "Universo muéstramelo".

## ¿CÓMO PUEDE MEJORAR ESTO?

Sumando más preguntas. Después de considerar las posibilidades, la siguiente es: ¿Cómo puede mejorar esto? Aun cuando hayas pasado por sucesos buenos, malos o peores, todo siempre se puede mejorar.

## ¿Qué me expande y qué me contrae?

Ahora bien, ya hemos hablado que la consciencia debes entrenarla de forma constante. Al actuar desde la consciencia, estás presente, y tus elecciones las haces desde tu *ser infinito e ilimitado*, que te expande, que te hace sentir ligero. Hacerlo desde la inconsciencia, solo limita, te contrae y te hace sentir pesado. No olvides que la consciencia expande y es verdadera y la inconsciencia contrae siendo una mentira, ¿qué vas a elegir?

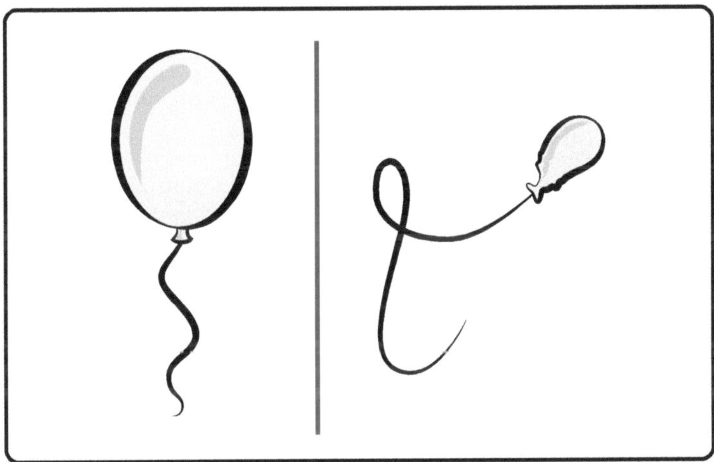

**Figura 1.** Representación gráfica de expansión y contracción
Fuente: Elaboración propia, 2021

Ahora que sabes, percibes y recibes, ¿qué prefieres? Expandirte o contraerte. ¿Cómo eliges funcionar? Tú sabes que cuando escogemos ser ligeros, nuestro cuerpo lo asimila; lo pesado, nuestro cuerpo lo rechaza. Vamos a darte un ejemplo: un amigo, te invita de última hora a una cena de cumpleaños; te asegura que pasarán una gran velada. Toma en cuenta, que él te lo dice desde su perspectiva de fiesta. Te menciona una serie de elementos que, para tu amigo, son fundamentales para divertirse: comida, bebida y música. Aunque tú, ya tenías un plan, te quedarías en casa, verías una película, ordenarías una pizza a tu restaurante favorito, y acompañarías tu cena con una botella de vino.

Ambas propuestas te atraen, ¿verdad? Te suenan divertidas. En este caso, no hay una opción mejor que la otra, solo son diferentes. Ahora, es cuestión de elegir y tu decisión debe venir desde la consciencia, preguntándote: ¿Cuál elección creará más para mí? Tu percepción debe venir de la honestidad, para que sea expansiva.

Si basas tu decisión en la opinión de alguien más, por sentirte comprometido o por lo que puedan pensar de ti los demás, seguramente basarás tu decisión desde la inconsciencia. Debes estar muy atento a todas las señales para estar en sincronía. En este caso, tu cuerpo quisiera relajarse, descansar o lo contrario, tu mente es la que quiere desconectarse un poco y distraerse, pero tu cuerpo vibra y quiere salir, bailar. Date un respiro, actúa desde tu *ser infinito e ilimitado*, no decidas sin conectar con tu cuerpo en todos los sentidos.

También, tienes que tomar en cuenta, otras posibilidades que podrían acontecer: ¿qué tal si en esa fiesta logras conocer a personas importantes para tu futuro como el amor de tu vida o la conexión para el trabajo que buscas? Y si acudes a la reunión y no te gusta el ambiente o te cae mal la cena; o te encuentras con tu ex pareja con su nueva conquista. Y si haces ambas cosas: accedes a la invitación, vas un rato a la cena, te la pasas muy agradable, te retiras temprano y llegas a casa para ver esa película que deseabas ver.

Las posibilidades son infinitas, no hay elecciones buenas o malas, toma en cuenta que, entre el color blanco y el color negro, hay una amplia gama de tonalidades. Solo es cuestión que elijas desde la consciencia, con base en lo que te expande, no en lo que te contrae; lo ligero para ti.

## ¿Cómo puedo vivir sin juicios?

La consciencia lo abarca todo, sin juzgar, por lo tanto, si la consciencia es imparcial, las cosas no son buenas ni malas, simplemente son. Cuando llegas a entender este punto, estás en un nivel avanzado de la consciencia; porque desde pequeños nos enseñaron a etiquetar las cosas, las personas, las situaciones, las experiencias, los sentimientos y las emociones en buenas y malas. Hemos andado por la vida, creyéndonos superiores, juzgando si estás bien o estás mal. Reconoce que hay consciencia, inconsciencia y anti consciencia en el mundo.

Te vamos a contar una historia, quizás ya la conoces, pero aplica en este tipo de situaciones: Nelson Mandela, fue un reconocido líder mundial. Fue el primer mandatario de color en Sudáfrica. Debido a su constante lucha en contra del gobierno y siendo de los principales líderes activistas contra el *apartheid*, Mandela fue enviado a prisión durante 27 años, porque el gobierno de Sudáfrica lo consideraba una persona *non grata*.

Mandela, mientras permaneció en la cárcel realizó trabajos forzados en una cantera de cal. Las condiciones de reclusión fueron muy rigurosas. Los presos políticos eran separados de los delincuentes comunes y tenían menos privilegios. Mandela sólo tenía permitido recibir una visita y una carta cada seis meses; a la persona que le escribía era a su esposa, Winnie Mandela, a quien le externaba lo difícil que era permanecer preso, pero que la soledad de la celda le permitía meditar y evolucionar de manera espiritual. En este tiempo, estudió la carrera de Derecho, a través del programa externo, que ofrecía la Universidad de Londres. De ahí fue transferido a otras prisiones, mientras que aprovechó para seguirse preparando, hasta su liberación. A los 71 años de edad, Nelson Mandela salió de prisión, manteniendo sus mismos ideales políticos. En una entrevista televisiva comentó: "Yo era un joven agresivo y arrogante. Mis 27 años de cárcel me hicieron comprender lo importante que es la tolerancia. No hay tiempo para la amargura, sino para la acción" (Beistegi, 2013).

Seamos claros, esta historia no es una experiencia que elegirías de manera consciente en tu vida, sin embargo, no la calificamos de buena o mala, sino queremos mostrártela desde la perspectiva de la consciencia, para que la tomes como una experiencia.

Porque Nelson Mandela le dio otro punto de vista a esta experiencia de vida. Su elección desde su *ser infinito e ilimitado*, fue observar el regalo que había en la situación. Consideró una prisión como un aula de aprendizaje, como el escalón para seguir creciendo y continuar preparándose para algo más grande; él solo asumió la situación sin juzgarla, y a partir de ella, creo algo extraordinario desde la consciencia. Con esto queremos resaltar lo importante de abrirte a las infinitas posibilidades, que el Universo tiene para ti. No etiquetes, no juzgues, trata de ver ese lado que te puede hacer crecer, a partir de la consciencia.

Te has dado cuenta que solo hemos abordado la situación de los juicios que hacemos hacia otras personas, pero qué hay del juicio que nos hacemos a nosotros mismos; ese juicio por todo, ejemplo: si no sacas buenas calificaciones eres un inútil; si no tienes tal tipo de cuerpo o de rostro no estás dentro de los estándares de belleza permitidos; si no eres millonario, no eres importante. También podemos encontrar la situación contraria: si eres muy bueno haciendo tal trabajo, no puedes experimentar hacer otros; porque eres una persona atractiva, descuidas otros atributos. Los ejemplos sobran, aquí lo importante es que,

*...te hagas consciente que el juzgarte a ti, tanto para bien como para mal, es la mayor crueldad que puedes hacer. Juzgarte limita un 99% tu vida para recibir más posibilidades que el universo tiene para ti. Cuando no te compras los juicios de los demás (para bien o para mal), cuando eres realmente tú, ese ser infinito e ilimitado, es que puedes cambiar tu mundo. (Douglas, Gary, 2007, p.18)*

## El Interesante Punto de Vista (IPV)

Y bien, entendiendo que la consciencia lo abarca todo y no juzga nada, la mejor manera de lograr no hacer juicios es practicar el Interesante Punto de Vista (IPV). Cuando dejas de emitir juicios, dejas de crear problemas y comienzas a ver posibilidades. Entiendes que todo, absolutamente todo, los pensamientos, las personas, los sentimientos, las emociones, las situaciones, las experiencias y demás, están ahí para mostrarte algo.

Debes estar preparado para percibir desde dónde vas a funcionar, ¿desde tu antiguo yo, juzgando, etiquetando o desde tu *ser infinito e ilimitado*, sabiendo, siendo, percibiendo y recibiendo? Funcionar desde el IPV, es hacerlo desde ese lugar donde no tienes que comprarte una realidad, hacer conclusiones y establecer límites, porque vas a funcionar desde tu verdadero yo, creando tu propia realidad.

---

**IMPORTANTE:** TU PUNTO DE VISTA CREA TU REALIDAD, TU REALIDAD NO CREA TU PUNTO DE VISTA.

---

Por lo tanto ¿qué tomarías para reconocer que mucho de lo que sucede es solo un IPV? ¿Cuánto puedes avanzar si reconoces que todo es un IPV? ¿Y si dejas de juzgar a todos y todo, incluyéndote a ti, y lo ves solo como un IPV? ¿cuánto más crearías en tu vida?

## PUNTOS DE VISTA FIJOS (PVF)

Los Puntos de Vista fijos (PVF) son conceptos y creencias que tienes arraigadas de muchos años, y que has hecho tuyos. Esto te ha frenado a actuar desde tu *ser infinito e ilimitado* que en realidad eres, ejemplo: soy malo para las matemáticas, soy pobre; o, por lo contrario, soy el mejor mecánico; soy buenísimo para hacer dinero. Estás tan lleno de PVF (positivos y negativos), que no avanzas y no creas nuevas cosas en tu vida.

Cuando tu PVF no está en sintonía, emites frases y te lamentas por sucesos pasados, seguramente no verás la enseñanza que hay detrás de todo, porque todo lo que te pasa, tú lo creas y es una contribución para que aprendas de lo que elegiste; y cuando tienes un PVF receptivo verás las cosas desde muchas perspectivas y recibirás del Universo lo mejor. De hecho, también puedes estancarte en la polaridad positiva, porque supones que estás bien, en una zona conveniente, y no visualizas que puedes mejorar entonces no te das cuenta de cuánto más podrías crear.

Si utilizas tu IPV puedes liberarte de forma rápida de prejuicios, ¿qué tal si empiezas a filtrar todo lo que pasa por tu vida a través del IPV? Toma en cuenta que cuando lo hagas, vas a empezar a crear más y más cosas en tu vida, estando consciente de tu realidad. ¿Cuántos PVF te están limitando y no te has dado cuenta?, ¿Cuánto más podrías crear en tu vida, si dejaras de funcionar desde los PVF?

## LAS COSAS NO SON BUENAS NI MALAS, SIMPLEMENTE SON

Cuando ejercitas tu consciencia, vas atraer más a tu vida. Entenderás que tú eres el creador de todo lo que hay en tu realidad, por lo tanto, comprenderás que las cosas no son buenas, ni malas, simplemente son. Las personas, los pensamientos, los sentimientos, las situaciones, las experiencias y las emociones, no deben etiquetarse.

Así que, aprende a recibir de todos y de todo con facilidad, entendiendo que, si hay algo que se requiere cambiar, es solo tu punto de vista sobre esas cosas, situación o persona que está limitando tu vida.

## NO TE TOMES NADA PERSONAL

Si te decimos que aprendas a recibir de todos y de todo, es porque no queremos que personalices las cosas. Acostúmbrate a recibir el punto de vista de los demás, ya sea positivo o negativo. Si lo logras, vas a recibir y crear más en tu vida. Así que, ¿cómo puedes mejorar esto?

Al decirte que no te tomes las cosas personales, queremos que percibas que, si las otras personas dicen, hacen, comentan, manifiestan o escriben sobre ti, solo crean una proyección de ellos mismos y la reflejan; no lo tomes ni lo hagas personal, solo recibe para crear más en tu vida, sin importar las opiniones de los demás.

Si caes en el juego de una tercera persona y dejas que te afecten sus puntos de vista, sus acciones y sus palabras, le estás diciendo al Universo que no eres responsable de ti, le cedes el control de tu vida a los demás. ¿Qué energía, espacio y consciencia requieres ser, percibir, y recibir para no personalizar las cosas?

### NO HAGAS SUPOSICIONES

Las suposiciones son los pensamientos no certeros, que dan vueltas en nuestra cabeza. Muchas veces, fantasías inventadas que nos llevan a la falta de claridad, provocando malos entendidos, problemas y dramas innecesarios. Cuando te comunicas desde tu *ser infinito e ilimitado*, con otras personas, sin intenciones ocultas, tus interlocutores también lo percibirán, y se mantendrán en la misma frecuencia de contribución para ambos.

Recuerda que tu percepción de las cosas es diferente a la percepción de los demás, así que deja de sacar conclusiones de imponer tu verdad, si tienes duda, solo pregunta. Esta es la mejor manera de saber, y no hagas juicios al respecto, suponiendo y creando historias que te hacen funcionar desde tu ser finito y limitado, desde tu antiguo yo. ¿Qué energía, espacio, y consciencia requieres ser, saber y percibir para romper con el patrón de vivir desde la suposición? Deja de crear historias que solo están en tu cabeza.

## ¿Qué sé sobre la energía vital y por qué no la he reconocido?

La energía vital influye directamente en el bienestar físico, mental, emocional y espiritual de todo ser humano, por eso es importante mantenerla en equilibrio; es una energía sutil que abarca todo el organismo, acumulándose, en muchos casos, en ciertos puntos del cuerpo.

Cuando la energía vital no fluye libremente, es posible que percibas alguna sensación de debilidad, falta de motivación, insomnio, sensación de tristeza, fatiga y constantes pensamientos negativos; aunque, algunas personas experimentan ansiedad o depresión.

Si esta energía vital baja se producen desarreglos o enfermedades físicas y hasta psíquicas, que indudablemente terminan afectando la calidad de vida de quien las padece. Afortunadamente existen diversas maneras para aumentarla: la meditación, la alimentación consciente, el ejercicio, la hidratación, los baños de sol, rodearte de personas positivas, conectarte con la naturaleza, mantenerte en un estado de gratitud y por supuesto, la respiración. Una de las maneras más efectivas y rápidas para incrementarla. La respiración es la práctica que más contribuye a mantenerte consciente de tu presente.

## LA RESPIRACIÓN

La respiración es lo que nos mantiene vivos. Por eso la importancia de hacerla de manera consciente para que te ayude en los procesos de ser, saber, percibir y recibir, que hemos descrito. Recuerda, la respiración agitada hace que la mente se altere, la respiración controlada, calma y relaja.

🔔 **IMPORTANTE:** CUANTO MÁS LENTO ES EL RITMO DE LA RESPIRACIÓN, MÁS CONTROL TIENES SOBRE TU MENTE, Y SOBRE TU CUERPO, TAMBIÉN.

**Figura 2.** Ejemplo de postura ideal para controlar la respiración
**Fuente: Imagen** Web, 2021.

## ¿Cuánto de lo que creo ser y saber no me pertenece?

Un gran porcentaje de personas funcionamos conectadas con el inconsciente colectivo, que se refiere a todos los pensamientos, creencias, sentimientos, y emociones de las personas que nos rodean. ¿Y cuándo estamos conectados con el inconsciente colectivo? Cuando creemos que todo esto nos pertenece y nos enganchamos, funcionando desde aquel lugar que nos limita.

### REGRESA AL DESTINATARIO

De ahora en adelante, cada vez que percibas una emoción, pensamiento, sentimiento o punto de vista que te limite, te contraiga o te haga sentir pesado, seguramente no es tuyo, sino de alguien más; entre más consciente y presente estés, más fácil vas a reconocer, y vas a poder elegir no funcionar desde ahí. Ya que, si no te pertenece, por más que quieras solucionarlo, no importa la técnica que utilices, no lo vas a poder resolver porque no puedes "arreglar" algo que no es tuyo, así que solo tienes que regresarlo energéticamente a su destinatario.

¿Cómo? Reconoce de manera consciente, ¿qué puntos de vista, pensamientos, sentimientos o emociones están limitándote? Por ejemplo: el miedo, la tristeza, la ansiedad o la depresión. Y ahora, di en voz alta: "lo regreso a quien le pertenece".

## HONRA TU VERDADERO SER

Estarás de acuerdo con nosotras, que no hay nadie más importante que tú, por eso debes honrar tu verdadero ser; ese ser que te respalda, este es el momento de reconocerlo y agradecerle todo lo que ha hecho por ti.

Si vives para los demás y antepones a todos antes que a ti, le envías señales equivocadas al Universo; por eso, encuentras en tu camino personas que te tratan igual que tú te tratas. Demuestra al Universo lo importante que eres.

Y la mejor manera de honrarte es haciendo lo que te gusta, lo que te da placer, te emociona, te divierte, te enriquece y aligera. Así que, canta, sal a dar un paseo, convive con la naturaleza, sonríe, abraza a tu mascota, tómate una copa de tu vino favorito. ¿Qué energía, espacio y consciencia requieres ser, saber, percibir y recibir para honrar a tu *ser infinito e ilimitado*?

## APRENDE A ESCUCHAR Y A GUARDA SILENCIO

Estamos tan acostumbrados a hablar sin parar, que rara vez escuchamos y prestamos atención. El silencio es importante para poder acceder a nuestro ser, el cual requiere de relacionarse con otras personas desde el ser, no desde el saber; desde el escuchar, no desde el hablar; desde el actuar, no desde el reaccionar.

Para aprender a escuchar, toma en cuenta:

1. Estar en el presente, aquí y ahora con toda tu consciencia
2. Bajar tus barreras

3. Expandir tu energía para ser, saber percibir y recibir
4. Prestar atención a lo que dice tu interlocutor
5. Guardar silencio y escuchar

Una vez que concentres tu atención en la(s) persona(s) y lo(s) escuches, no interrumpas, no juzgues, no supongas y no te tomes las cosas personales; conviértete en la energía del IPV. Aprendamos a escuchar y a prestar atención, demostremos lo importante que la persona es para nosotros, atendiendo; así lo decía el escritor y orador J. Krishnamurti "Escuchar es un acto de silencio".

## CAMBIA Y CONTRIBUYE AL MUNDO

La mejor manera de hacer un cambio y contribuir al mundo es **¡dejándote de hacer pendej@!** Sé tú mismo, el *ser infinito e ilimitado*, que puede crear su propia realidad a partir de las preguntas, que valora su palabra y se compromete a cumplirla, que todos los días celebra su vida, su existencia; que respira, que se honra, que elige desde la consciencia y permanece presente, libre de juicios, sin culpar a los demás de su situación y permanece en total gratitud por quien es.

¿Qué energía, espacio, conciencia, elección y posibilidades podemos ser mi cuerpo y yo para contribuir al mundo con total facilidad y gozo? ¡Universo muéstramelo!

# II. RECONOCIÉNDOME FRENTE AL ESPEJO

## ¿Quién soy?

Cuántas veces nos hemos cuestionado a partir de esta pregunta, que nos ha llevado incluso a estar en un verdadero dilema para poder expresar de manera limitada quienes realmente somos. Porque no solo podemos definirnos a través de nuestra profesión, estado civil, familia; existen varias formas de hacerlo sin recurrir a los estereotipos sociales.

A lo largo de nuestra vida, nos han enseñado que la humildad debe ser una de nuestras más grandes virtudes, sin embargo, no nos explicaron el verdadero significado de lo que es ser humilde. Nos dijeron que la humildad es comportarte de tal forma que no incomodes a los demás por ser tú; que debes apagar tu luz para no hacer sentir mal a otros y estar a la par. Esto no es bueno, tampoco malo, pero sí dejas de contribuir en muchos sentidos a tu vida y a la de los demás.

Lo que realmente te queremos decir es: no te limites y define ese *ser infinito e ilimitado* que eres. Porque si hablas de tus virtudes, de tus logros, de tu vulnerabilidad, de todo, es porque así eres verdaderamente.

### ¿QUÉ ME DEFINE?

Son muchas las cosas que te definen, comenzando por tu propio nombre, después por las experiencias, los aprendizajes (buenos o malos), que has tenido a lo largo de toda tu vida, y que hoy te llevan hacer la persona que eres; así que, a partir de ahora, no te limites cuando hables de ti. Tú eres más que lo que piensen o digan sobre ti, más que los momentos de dificultad que tuviste que atravesar, más que las decisiones que tomaste. Recuerda que eres magia, magia pura que abarca todo.

### ¿QUÉ MOTIVA MI VIDA?

A veces, hemos fincado la responsabilidad de no mostrarnos tal cual somos a la falta de motivación. Sí, a un motor que nos lleve a la acción, y que a través de esta nos mantengamos entusiastas y alcancemos logros. La contribución que queremos hacer a tu vida, mediante este libro, es que reconozcas que tú eres el motivo suficiente para hacer las elecciones más maravillosas cada mañana; que abras los ojos al despertar y sepas que tú eres la razón para levantarte e ir por tus sueños; que cada 10 segundos tienes la posibilidad de elegir algo diferente.

¿Y por qué queremos que sea a través de ti? La respuesta es muy sencilla, porque debe emanar de tu ser, de tu potencial nato, de tu conocimiento, de todo lo que eres y te caracteriza. ¿Te das cuenta que se vuelven más ligeras las cosas?

## ¿QUÉ ME LIMITA?

Justificarte para todo. Cuando no queremos algo desde nuestro interior, encontramos muchas maneras para rechazarlo: tiempo, dinero, familia; Siempre encontraremos un sin fin de cosas para no iniciar con este proceso, que en el interior anhelamos. Porque si algo deseas desde tu corazón, desde lo que eres, buscarás la forma de conseguirlo.

En otras ocasiones, queremos hacer cosas por cubrir las expectativas de las personas que nos rodean, y, por lo tanto, se vuelven una gran carga en nuestra vida. Tenemos la sensación de que algo nos está limitando para poder avanzar, lo que nos lleva a no prosperar porque no somos quienes realmente queremos ser. Piensa en algo que hayas anhelado, ¿lo lograste? Todo es posible, si se trata de algo que realmente quieres, porque la creatividad saldrá a flote y buscaremos una y mil formas para conseguirlo; el sentimiento que provoca es expansivo.

Qué tal si hoy te dijera, "tú eres capaz de hacer cualquier cosa que te propongas", "eres infinito" puedes elegirlo y comprometerte a través de tu elección para llegar a tu meta; si no llegaras a cumplirla, inténtalo cuantas veces sea necesario.

## ¿QUÉ HAGO PARA AGRADARME A MÍ MISMO?

Existen varias perspectivas, en relación con los patrones que hay que cumplir, ejemplo: de belleza, de moda, de religión, por mencionar algunos. Muchas veces, nos orillan a aparentar ser otro tipo de persona para tratar de encajar en círculos sociales. Qué tal, si ahora, en lugar de querer pertenecer a todos los ambientes, haces cosas que te agradan. Así, cada que te veas frente al espejo, distingas los detalles que te hacen único y diferente; el primer paso es aceptarse y agradarse a sí mismo, desde la consciencia, aquí y ahora.

## ME QUIERO Y ME CUIDO

Amarte y cuidarte es amor propio, estas dos acciones deben estar presentes en todo momento. Todo debe comenzar por el interior para proyectarlo hacia el exterior. Lo que puedas hacer para ti, se convierte en una forma de darte cuenta de todo lo que eres capaz de hacer. Si te comprometes: a hacer ejercicio, a consentirte, a alimentarte adecuadamente, a leer un buen libro, a tomarte unas horas para relajarte, es una forma de cuidarte y amarte. ¿Cuántas veces has pospuesto este tipo de actividades por considerarlas no indispensables? Solemos otorgarles un valor poco significativo o nulo, pensando que esto no nos trae beneficios. ¿Cuántas veces has cambiado tu cita en el salón de belleza porque hay un cliente nuevo? No caigas en el error de pensar que por trabajar no debes darte un momento indispensable de esparcimiento.

Recuerda, primero debes pensar en ti, antes que pensar en los demás, de lo contrario, estarás trabajando sobre castillos de arena para complacerlos y en algún momento podrías tener frustración: "yo si hago las cosas por ti", "tú no estás cuando te necesito". La realidad es que nadie hará las cosas por ti. Con base en lo anterior, queremos que realices una actividad, respondiendo las siguientes preguntas:

1. ¿Qué me define?

___

___

___

2. ¿Qué motiva mi vida?

___

___

___

3. ¿Qué me limita?

___

___

___

4. ¿Qué hago para agradarme a mí mismo?

___

___

___

5. ¿Qué actividades realizo para cuidarme y quererme?

___

___

___

___

## ¿Cuáles son los elementos más importantes de mi *outfit*?

Pararte frente al espejo y observarte es reconocer tu verdadero ser; qué tal si ahora no sólo te das la oportunidad de conocerlo por dentro, sino que aprendes cómo puede mejorar el exterior. Teniendo la posibilidad de proyectarlo con todas las personas que te relaciones, y puedas iluminar tu camino.

### ¿QUÉ ME CARACTERIZA COMO SER ÚNICO?

Tú estilo es la forma única y auténtica que expresa quién eres. Es tu carta de presentación para desenvolverte en todos los escenarios. Es importante mencionar que el estilo no solamente es la forma de vestir, sino es la forma de comunicarnos de manera no verbal por medio de nuestro arreglo personal. Existen siete estilos universales (Parsons,1991), aunque otros autores mencionan más, nosotras consideramos los que la autora Alice Parsons desarrolló y son base fundamental de muchos consultores de imagen.

Definiremos las características de cada estilo para que identifiques el tuyo. Si llegaras a coincidir con más de un estilo, realiza un análisis profundo y jerarquiza en primario y secundario. El número uno será el dominante y el número dos será el que uses en algunas ocasiones.

—Estilo natural. Las personas con este tipo tienen una apariencia: casual, saludable, accesible, confortable, sin complicaciones; transmiten un mensaje de alegría, amabilidad, entusiasmo, optimismo y sencillez. Su mayor fortaleza es atraer amigos fácilmente. Lucen adorables generando un estado de paz y confort. Su riesgo es que pudieran verse fachosos, en cuanto a su ropa, debido a que es un poco estructurada, no ceñida al cuerpo, basada en colores neutros con patrones sencillos y de fibras naturales; los accesorios son tipo étnicos, zapatos cómodos, bolsos grandes, relojes deportivos; los hombres no usan corbata el cabello sin fijadores, sin barba y sin bigote; en las mujeres el maquillaje es mínimo. En cuanto a su comunicación no verbal: su postura es relajada, su tono de voz de medio a alto, usan un lenguaje sencillo, poco formal, ademanes y gestos notorios, y en ocasiones suelen ser inquietos.

—Estilo tradicional. Las personas que pertenecen a este grupo tienen apariencia conservadora, atemporal, pulcra, discreta y seria. El mensaje que quieren transmitir es de lealtad, fidelidad, organización, eficiencia, constancia y honestidad. Las mayores fortalezas de este estilo son respeto, credibilidad y reconocimiento de su trabajo; su riesgo es verse aburrido o pasado de moda. Algo importante de destacar en este estilo es que buscan ropa y accesorios duraderos, en colores neutros sin patrones o con patrones pequeños; además usan accesorios discretos, nada de joyería de fantasía, bolsas y zapatos de patrones lisos; los hombres prefieren el calzado con agujetas. Les encanta el cabello controlado, mediano o corto. No les gusta llevar barba o bigote en el caso de los hombres; en cuanto a las mujeres, utilizan un maquillaje moderado. En cuanto a su comunicación verbal y no verbal se caracterizan por mantener una postura erguida, un tono de voz medio bajo, utilizan un lenguaje serio, formal y rebuscado con pocos ademanes y gestos, que no llamen la atención.

—Estilo elegante. Este es al que muchos aspiran semejar. Mantiene una apariencia refinada, pulcra, formal y distinguida. El mensaje que transmite es de éxito, de seguridad, de serenidad, de seriedad, de autoridad y de mucha educación. Sus mayores fortalezas son el prestigio, la distinción, la posición social, la admiración e imitación; se corre el riego de verse presuntuoso. La ropa y los accesorios son distinguidos, los colores son neutros, patrones sobrios, refinados y discretos; bolsas de marca, zapatos de calidad. En cuanto al cabello, predomina el control, recogido y discreto con reflejos para las mujeres y un maquillaje armonioso sin imperfecciones; los hombres mantienen la barba y el bigote impecables. Su comunicación verbal y no verbal se caracteriza por posturas erguidas, tono de voz medio bajo, uso de lenguaje serio, formal y sofisticado; pocos ademanes y gestos que llaman la atención para mantener el contacto visual.

— Estilo seductor. Es de apariencia llamativa, reveladora, sin inhibiciones, transmite un mensaje provocativo, sugerente, excitante, apremiante, agresivo y atrevido. Sus fortalezas son rápida atracción del sexo opuesto, la confianza que tienen en sí mismos y lo atrevidos que suelen ser; el riesgo es una línea muy delgada entre la sofisticación y el verse vulgar. En cuanto a la ropa predomina la sensualidad, telas reveladoras, de colores atrevidos y brillantes, fibras naturales y sintéticas, patrones sólidos o diseños llamativos, el *animal print* es uno de los favoritos; los accesorios pueden ser medianos o grandes de joyería fina y de fantasía. Los tatuajes se hacen presentes, las bolsas llamativas, los zapatos abiertos y de tacón alto, los cinturones anchos y las hebillas sobresalientes. En cuanto al cabello se refiere no hay restricciones, con volumen, con luces o teñido. En el caso de los hombres, la barba y el bigote son discretos. El maquillaje es glamuroso y sensual, el labial rojo sin duda no puede faltar. En la comunicación verbal y no verbal mantienen una postura relajada pero sensual, un tono de voz medio alto; lenguaje casual, ademanes y gestos marcados, juguetean con accesorios y con su cabello, existe contacto físico y visual.

—Estilo romántico. Gentil, cálido, encantador, cercano y sin complicaciones, transmite un mensaje de gentileza, encanto, sensibilidad, calma, paz, comprensión y consideración. A este estilo se le facilita la interacción de inmediato con el sexo opuesto. Inspira confianza, frescura y juventud, el riesgo más común en el que puede caer, es el verse infantil o cursi. En cuanto a la ropa buscan la delicadeza y la feminidad, sutileza, colores neutros y pasteles, patrones pequeños, detalles, texturas ligeras y encajes. Los accesorios son delicados con diseños rebuscados, joyería fina de fantasía, bolsas con detalles, zapatos con adornos; para los hombres la corbata, solo si es necesaria, los zapatos son con agujetas y de preferencia de gamuza y pueden portar barba o el bigote. El cabello les gusta suave, ondulado o contextura y si se utiliza maquillaje son tonos luminosos y claros. En cuanto a la comunicación verbal y no verbal, la postura es relajada, el tono de voz es medio bajo con entonación dulce, de lenguaje sencillo y amable; usan diminutivos, ademanes, gestos delicados, sonrisa y contacto físico.

—Estilo creativo. La apariencia es artística, imaginativa, no convencional, sin reglas. Transmiten un mensaje innovador, aventurero, ingenioso, libre, imaginativo y poco convencional. Sus mayores fortalezas son: la individualidad, la creatividad, el talento y la independencia sin caer en lo ridículo. En cuanto a la ropa y los accesorios son de gran originalidad. Buscan que todo sea innovador, exótico, libre en colores y con combinaciones inusuales, patrones originales. Los accesorios son de medianos a grandes, ostentosos. Les gusta ir a la vanguardia en moda para el cabello sin restricciones y portar tatuajes. tonos. El maquillaje es experimental y original. En cuanto a su comunicación verbal y no verbal mantienen una postura relajada, un tono de voz medio alto, un lenguaje sencillo, divertido con frases originales, ademanes y gestos marcados.

—Estilo dramático. Es una apariencia sofisticada, severa, llamativa y dominante. Se apoderan del espacio que pisan, su mensaje es de seguridad en sí mismos, intensos, atrevidos, exigentes, conocedores del mundo; su fortaleza es llamar la atención y estar a la moda; su riesgo es verse inalcanzables y agresivos. En cuanto a la ropa y accesorios buscan ser vanguardistas. Utilizan colores fuertes y profundos con patrones geométricos y abstractos; los accesorios son grandes y únicos, la joyería metálica con piedras, bolsos grandes, zapatos angulosos y grandes. Los hombres acostumbran llevar corbatas exageradas, pañuelos, zapatos de agujeta, mocasines, el cabello esculpido y controlado, cortes severos o intensos, si usan barba o bigote está muy bien cuidados. En cuestión del maquillaje, siempre es perfecto y no exagerado. La comunicación verbal y no verbal conlleva una postura erguida, un tono de voz medio alto, el lenguaje directo, sencillo y sofisticado; ademanes y gestos controlados para remarcar aquellas cosas que desean resaltar, mucho contacto visual y poco contacto físico.

Ahora puedes identificar cuál es tu estilo. Lo importante es ser honesto al realizar la evaluación, porque si bien hay alguno que te atrae, puede que no sea el que te represente.

## MI CUERPO ES MI MEJOR ALIADO

Tu cuerpo es tu mejor amigo que te acompañará toda tu vida, es el medio para realizar una infinidad de actividades, pero pocas veces te detienes a pensar qué haces por él. Vivir la grandeza de la conciencia de tu cuerpo es realmente expansivo, ya que no solo te permite ver lo que tu cuerpo hace de manera natural como comer, respirar, dormir; si no te permite entender que eres un ser infinito que tiene un cuerpo, capaz de estar dentro y fuera de él. ¿Cómo? Muy fácil. Imagínate en la playa, seguramente, no tuviste ningún problema en hacerlo; esa es la parte de la infinidad de tu ser, el poder transportarte y expandirte a otros espacios con facilidad.

Tú requieres estar en comunión con tu cuerpo, sin prejuicios, evitando compararte con otros. Recibe todo lo que tu cuerpo es, siente su grandeza, aprende a percibirlo y a escucharlo, permítele que te muestre.

## APRENDE A HABLAR CON TU CUERPO

Sabías que puedes desarrollar la habilidad de hablar con tu cuerpo, de percibir lo que le es ligero y pesado para él. No te pierdas la oportunidad de hacerlo, pregúntale, inclúyelo en tus pensamientos: "Cuerpo, ¿cómo te sientes hoy? Cuerpo, ¿qué te gustaría comer? Cuerpo, ¿qué te emociona? Cuerpo, ¿quieres tener sexo con esa persona? Cuerpo, ¿cómo nos podemos divertir hoy?" Recuerda que tu cuerpo te dirá si se siente ligero o pesado, incluso le puedes hacer preguntas sobre tu ropa: "Cuerpo, ¿qué te gustaría usar? Cuerpo, ¿cómo te quieres ver hoy?". Tu cuerpo te dirá lo que requiera.

Tienes un cuerpo para gozarlo, y sí disfrútalo, con todo lo que vino a tu mente. Recuerda que no se trata de cuerpos, sino de la energía que se genera, de todo aquello con lo que nos relacionamos para sentir. ¿Qué tan ligera te pareció la frase de "gozar tu cuerpo"? ¿Verdad que no tanto? Solemos pensar de forma tendenciosa cuando hablamos de gozar, ¿por qué emitir este tipo de juicios? Si gozar, disfrutar o exhibir tu cuerpo pudiera ayudarte y hacerte consciente de la energía creadora de tu ser, de lo grandiosa que puede ser la relación contigo mismo, con tu cuerpo sin necesidad de la aprobación de alguien más. Esa expansión generará el ser auténtico que eres. Ámate tal cual, eres más que un cuerpo, eres magia y poder ilimitado lleno de grandeza.

## Tipos de cuerpo

Ahora bien, ya sabemos que no solamente eres un cuerpo, sino que requieres reconocer la conexión entre tu cuerpo, tu mente y tu apariencia; así que llegó el momento de estudiar todas las posibilidades que tienes para lucir espectacular.

Existen diferentes tipos de cuerpo, los cuales no tienen que ver con una talla, con el peso o con la estatura, sino con la estructura corporal y la relación entre los hombros, la cintura y la cadera. A continuación, vamos a explicar cuáles son las principales características y recomendaciones para cada uno tanto para las mujeres, como para los hombres.

**Figura 3.** Clasificación del cuerpo femenino, según los patrones estéticos de la imagen física Fuente: Elaboración propia, 2021.

| TIPO DE CUERPO | CARACTERÍSTICAS | OBJETIVO | RECOMENDACIONES |
|---|---|---|---|
| **Reloj de arena** | • Cintura bien definida, figura equilibrada y balanceada considerada ideal | • Mantener la figura | • Utilizar prendas ajustadas al cuerpo que enfaticen la figura<br>• Prendas a la cintura |

| TIPO DE CUERPO | CARACTERÍSTICAS | OBJETIVO | RECOMENDACIONES |
|---|---|---|---|
| **Triángulo** | • Caderas anchas y espalda estrecha | • Equilibrar la cadera | • Llamar la atención hacia la parte superior con adornos, collares, cuellos vistosos o mangas abullonadas<br>• Utilizar colores obscuros, patrones verticales o lisos en la parte inferior |
| **Triángulo invertido** | • Hombros anchos, espalda ancha,<br>• Cintura y cadera angostas | • Equilibrar la espalda | • Poner especial atención en la parte inferior usando faldas y pantalones con volumen, con estampados, con brillos o adornos en colores claros<br>• Prendas superiores sencillas, sin adornos. Cuellos tipo "V" y collares largos |
| **Rectángulo** | • Silueta recta de hombros hasta cadera | • Marcar la cintura | • Utilizar prendas acinturadas<br>• Blusas con cintas para afinar la silueta,<br>• Faldas acampanadas o con volumen |

| TIPO DE CUERPO | CARACTERÍSTICAS | OBJETIVO | RECOMENDACIONES |
|---|---|---|---|
| **Oval** | • Figura redonda y voluminosa con abdomen prominente | • Alargar y adelgazar el cuerpo | • Portar collares largos<br>• Blusas con cuello tipo "V",<br>• Sacos holgados, túnicas o blusones a la cadera<br>• Blusas sin volumen |

**Figura 4.** Clasificación del cuerpo masculino, según los patrones estéticos de la imagen física. Fuente: Elaboración propia, 2021.

| TIPO DE CUERPO | CARACTERÍSTICAS | OBJETIVO | RECOMENDACIONES |
|---|---|---|---|
| **Triángulo invertido** | • Figura considerada *ideal* en los hombres<br>• Hombros más anchos que la cadera | • Mantener la figura. | • Prácticamente puede usar cualquier tipo de prenda |
| **Rectángulo** | • Hombros, cintura y cadera del mismo ancho | • Ensanchar los hombros | • Texturas con patrones estampados y en colores claros para la parte superior<br>• Puede utilizar prenda sobre otra prenda |

| TIPO DE CUERPO | CARACTERÍSTICAS | OBJETIVO | RECOMENDACIONES |
|---|---|---|---|
| **Triángulo** | • Hombros más anchos que la cintura y la cadera | • Ensanchar los hombros | • Combinaciones en colores claros para la parte superior y oscuras para la inferior<br>• Pantalones rectos y sacos con hombreras |
| **Oval** | • Cintura más ancha que los hombros y cadera | • Alargar y adelgazar la figura | • Combinaciones monocromáticas, patrones sólidos o líneas verticales<br>• Utilizar siempre la talla correcta |

## ¿CÓMO CREAR BALANCE Y EQUILIBRIO EN MI CUERPO?

Las partes del cuerpo son inalterables, pero muchas veces olvidamos que puedes sacar mucho provecho a tu imagen en armonía con tu tipo de cuerpo. Si sabes vestirte adecuadamente, según tu estilo, como ya lo mencionamos; esto generará un efecto visual armonioso, si también lo combinas con tu vestimenta y con los accesorios adecuados.

También puedes transformar tu cuerpo, sabemos que hay otros métodos para lograr cambios, que se pueden hacer mediante el ejercicio o las cirugías, si así lo deseas; aunque estos no transformarán tu estructura ósea, sólo la moldearán. Nosotras queremos que entiendas cómo sacar el máximo provecho de tu cuerpo, a través de conocerte y hacer uso de las herramientas que te estamos mostrando.

## PROPORCIONES Y ESTATURA

Al comenzar con toda esta transformación, es importante que consideres que tu cuerpo está dividido en dos segmentos: de la cabeza a la cintura (torso) y de la cintura a los pies (piernas). Te suena conocida la frase: "la joven tiene piernas largas"; es probable que sí, y es porque es un tipo de proporción natural y común en las mujeres. A continuación, mencionaremos tres imágenes, analízalas y compáralas con la tuya.

**Figura 5.** Clasificación del cuerpo femenino, según la distancia de la cabeza a la cintura (torso) y de la cintura a los pies (piernas). Fuente: Elaboración propia, 2021.

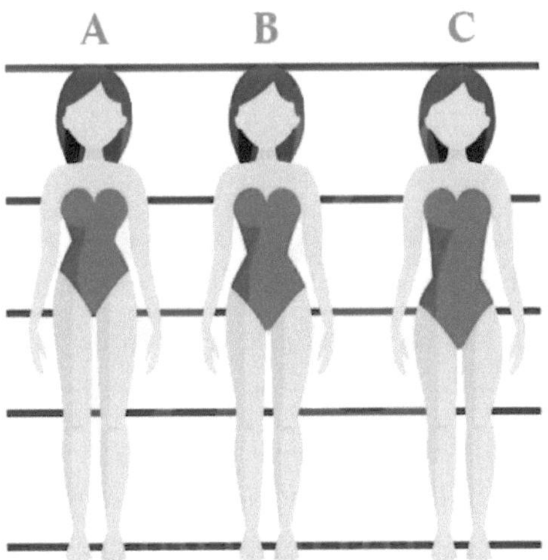

A) Torso corto—piernas largas
B) Torso y piernas simétricos
C) Torso largo— piernas cortas

Una vez que definiste tus proporciones, ubícate de acuerdo a tu tamaño en uno de los siguientes grupos:

**Figura 6.** Clasificación según la estatura.
Fuente: Elaboración propia, 2021.

| | MUJERES | HOMBRES |
|---|---|---|
| • Pequeña | • Menos de 1.60 m | • Menos de 1.70 m |
| • Mediana | • Entre 1.60 y 1.70 m | • Entre 1.70 y 1.80 m |
| • Alta | • Más de 1.70 m | • Más de 1.80 m |

Esto te podrá ayudar para saber cuáles son los estampados que puedes lucir mejor, qué combinaciones pueden estilizar tu figura y, sobre todo, mantener la proporción que ayudará más a tu figura, ejemplo: si eres pequeña, lo mejor será que utilices estampados discretos, accesorios de medianos a pequeños y que las combinaciones de tu *outfit* (atuendo) que portes sean máximo dos colores. Suena un poco complicado, sin embargo, es más sencillo de lo que imaginas. Debes de tomar en cuenta todo lo que ya te hemos dicho y echarle un ojo a tu guardarropa, recuerda que la protagonista eres tú, no los accesorios, ni los estampados de tus prendas.

## EFECTOS VISUALES

Como puedes apreciar, vestir y lucir bien tu figura requiere que seas consciente, de esta manera, comenzarás a sentirte más segura, lo cual proyectarás de manera inmediata. Te daremos algunos consejos, que debes tomar en cuenta, para sacar el máximo provecho a tu forma de vestir en tu día a día.

**Figura 7.** Efectos visuales de las prendas.
Fuente: Elaboración propia,2021.

| | EFECTO QUE CAUSA | EJEMPLOS |
|---|---|---|
| **Horizontales** | • Ensancha, acorta y genera volumen | • Los colores claros y brillantes, dan un efecto de amplitud y volumen<br>• Procura que la falta y la blusa sean de colores distintos y armoniosos<br>• Utiliza mangas cortas |
| **Verticales** | • Adelgaza, alarga y estiliza | • Las telas lisas, colores sólidos, monocromáticos<br>• Utiliza líneas verticales y diagonales, sobre todo delgadas |

Aquí, lo importante es conocerte y que apliques todo lo que te hemos mostrado. Lo que consideres más adecuado, y esto lo entenderás hasta que lo experimentes. Obsérvate frente al espejo cada mañana y percibe la sensación que te genera verte arreglada.

## MI ROSTRO

Tu rostro es la ventana de tu ser, es una de las formas de mostrarle al mundo quién eres, y al igual que tu cuerpo, se clasifica de acuerdo con la forma y la estructura. De acuerdo con el mundo de la belleza, afirma que mientras más simétrica es tu cara, te consideras más atractiva para la visión de los demás. Entonces, si tu cerebro capta de inmediato esta armonía y si le añades la consciencia para hacerlo, aprendiste la magia. Por eso es tan importante que conozcas estos temas para que explotes todo tu potencial.

## TIPOS DE ROSTRO

Existen diferentes tipos de rostro, que en seguida te describiremos. La clasificación es la misma para hombres y para las mujeres, al igual que las características y las recomendaciones con el objetivo de equilibrarlo y hacerlo lucir al máximo.

**Figura 8.** Clasificación de los rostros.
Fuente: Elaboración propia, 2021.

| TIPO DE ROSTRO | CARACTERÍSTICAS | RECOMENDACIONES |
|---|---|---|
| **Oval** | • Considerada la forma ideal, el rostro es más largo que ancho con el mentón curvo. | • Para mantener el equilibrio, tanto en hombres como en mujeres, pueden realizarse cualquier tipo de corte de cabello<br>• Usar accesorios, lentes y joyería |

| TIPO DE ROSTRO | CARACTERÍSTICAS | RECOMENDACIONES |
|---|---|---|
| **Redondo**  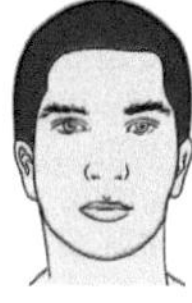 | • En este tipo, sobresalen más los pómulos en relación con la frente y la mandíbula | • Para alargar y adelgazar el rostro, deben agregar volumen al cabello<br>• Se recomienda utilizar lentes angulosos y llevar prendas que tengan cuellos tipo "V" |
| **Cuadrado** 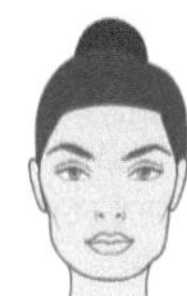  | • La frente, los pómulos y la mandíbula son de igual ancho. Para los hombres se considera un rostro *ideal* | • Para alargar la cara y suavizar los ángulos, se sugiere dar volumen en la parte superior con cortes en capas o degrafilados<br>• Llevar prendas con cuellos tipo "V" o alargados y lentes en formas curvas |
| **Rectangular**   | • Este tipo de rostro es largo y delgado | • Para acortar y ensanchar se debe evitar el volumen en la parte superior del cabello: flecos, mechones y degrafilados<br>• No portar lentes ni y accesorios con formas redondas |
| **Diamante**   | • Los pómulos destacan más que la frente y que la mandíbula<br>• La mandíbula es angular y puntiaguda | • Para ensanchar la frente y la barbilla, se debe evitar el volumen del cabello en las partes laterales<br>• -No llevar<br>• accesorios y lentes con formas curvas<br>• También las prendas con cuellos tipo "V" |

| TIPO DE ROSTRO | CARACTERÍSTICAS | RECOMENDACIONES |
|---|---|---|
| **Triángulo invertido**   | • En este tipo de rostro la frente y los pómulos son más anchos que la barbilla; es notoria la forma "V" del mentón | • Para ensanchar la parte baja de la cara hay que equilibrar la parte superior e inferior<br>• Se sugiere utilizar prendas con cuellos redondos<br>• Evitar el volumen en la parte superior y lateral del rostro, así como lentes medianos de contorno curvo y armazón delgado |
| **Triángulo**  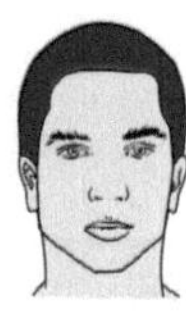 | • La mandíbula es más ancha que los pómulos y que la frente | • Para añadir volumen en la frente y los pómulos y equilibrar la cara, descubrir la frente<br>• Portar prendas con cuello tipo "V"<br>• Llevar lentes medianos o grandes y de forma angulosa |

## ¿CÓMO PUEDO HACER MAGIA CON EL COLOR?

Sin duda, otro tema muy importante a la hora de vestirte es el color que vas a usar. Cuántas veces te has encontrado con la disyuntiva de saber ¿qué me pongo el día de hoy? o ¿cómo puedo combinar esta prenda?, ¿qué color le combina?, y muchas veces frente al espejo, nos damos cuenta de que no nos sienta bien; o quizás, ese color es para alguien con otra tonalidad de piel. El color es precisamente la cantidad de luz que nos refleja, sobre todo en nuestro rostro, si utilizamos los adecuados. Y cuando los empleamos tenemos la ventaja de lucir más radiantes, incluso pueden llegar a disimular algunas líneas de expresión; así como lo hace de manera favorable, también lo puede hacer desfavorable. Conocer cuáles son los colores que te quedan es fundamental para verte mejor.

### PALETA DE COLORES

La colorimetría es el estudio, en consultoría de imagen, de los colores que favorecen a cada persona. En relación con los colores particulares, cada individuo tiene un color natural de ojos, piel y cabello. Por lo cual, hay colores que nos favorecen más que otros y que al usarlos, reflejan luz en conjunto con las prendas que vestimos y resaltan nuestro rostro con sutiles tonalidades (Sánchez, 2017). De acuerdo con la colorimetría, vamos a identificar qué colores te favorecen y te hacen lucir con una apariencia mejor y en armonía con todo tu ser.

Existen dos grandes grupos de colores: los fríos y los cálidos. Los colores fríos son los que se acercan más al azul y los cálidos al rojo. Este es un tema más amplio, pero de momento, te vamos a dar un consejo para que identifiques y evalúes tu color de piel y puedas hacer uso de los colores más adecuados.

**Figura 9.** Pieles frías y pieles cálidas.
Fuente: Elaboración propia, 2021.

| PREGUNTA | POSIBLES RESPUESTAS | |
|---|---|---|
| • ¿Qué pasa con tu piel toma cuando te expones al sol? | • Se enrojece<br>• Se mancha<br>• Se torna oscura | • Se distingue un tono color naranja<br>• Se aprecia un color durazno<br>• Aparece un tono bronceado |
| | **Tipo de piel fría** | **Tipo de piel cálida** |

Te vamos a compartir estas paletas de colores para que tengas una idea al utilizarlos. No olvides considerar las prendas que estén cerca de tu cara, blusas, suéteres, accesorios u otras, y que aun cuando en la parte inferior uses cualquier color, pueden pertenecer al mismo grupo para facilitar las combinaciones.

**Figura 10.** Los colores fríos y los colores cálidos.
Fuente: Elaboración propia, 2021.

## PSICOLOGÍA DE LOS COLORES

Una vez que identificaste tu paleta de colores, otro punto a tomar en cuenta es la psicología del color. Los colores nos generan emociones y sentimientos; los cuales se han ligado a diferentes experiencias, por ejemplo: el azul se considera un color amigable, favorito de muchos porque hace referencia al cielo, al mar, paisajes que encontramos en la naturaleza, también se asocia con ambientes fríos como el polo norte, nos puede provocar sentirnos lejanos y distantes. Por eso, los colores tienen una perspectiva psicológica. A continuación, te damos unos ejemplos:

**Figura 11.** Los colores y las emociones que transmiten.
Fuente: Elaboración propia, 2021.

| COLOR | LO QUE TRANSMITE |
|---|---|
| • **Rojo** | • Liderazgo, fuerza, confianza, pasión y emoción. Se aprecia en eventos formales (actos diplomáticos) y lo portan figuras políticas. |
| • **Rosa** | • Amor, respeto, calidez, compromiso, feminidad, intuición, y sensibilidad. |
| • **Morado** | • Creatividad, originalidad, distinción respeto. Se asocia con la realeza y la política. |
| • **Azul** | • Apertura, control, determinación, ambición, autoconfianza, espiritualidad y conciencia. Lo usan las celebridades, figuras del mundo del espectáculo y periodistas, sobre todo. |
| • **Azul marino** | • Confianza, orden, lealtad, sinceridad, autoridad, comunicación, paz, control, responsabilidad, éxito, liderazgo y tranquilidad. Es el tono que más se asocia con la masculinidad. |
| • **Turquesa** | • Espiritualidad, sanación, sofisticación y protección. |
| • **Verde** | • Equilibrio, crecimiento, naturalidad, generosidad, prosperidad, buen juicio, seguridad y estabilidad. Es utilizado en cuestiones de bienestar, ecología y naturaleza. |
| • **Amarillo y naranja** | • Vida, brillo, felicidad, energía, gozo, alegría, calidez, juventud y jovialidad. |
| • **Negro** | • Formalidad, elegancia, sobriedad y profesionalismo. |
| • **Blanco** | • Pureza, calidad, frescura, limpieza y bondad. |
| • **Plateado** | • Sofisticado, formal y sobrio Se usa en temas sobre tecnología y vanguardia. |
| • **Gris** | • Solidez, confiabilidad, seguridad e inteligencia. |
| • **Café** | • Amistoso, cálido, conservador, ecológico y orgánico. |
| • **Dorado** | • Riqueza, prosperidad, abundancia, sabiduría y tradición |
| • **Beige** | • Flexibilidad, frescura y tranquilidad. |

## Moda o estilo

Explicándolo de una manera muy práctica, el estilo permanece a través del tiempo y la moda es pasajera. Entonces, ¿ya no tengo que volver a utilizar nada de lo que se encuentra en esos maravillosos aparadores? No, al contrario, solo debes tomar en cuenta todo lo que has aprendido: tu estilo, tipo de cuerpo, tu tonalidad del rostro y la paleta de colores y así, cuando vayas de compras, ubiques las prendas de moda que puedas utilizar en cualquier momento de tu vida, porque son parte de ti.

## ¡AYUDA! ¿QUÉ ME PONGO?

Sabías que el 80% de lo que tienes en tu armario no lo utilizas, y no lo haces porque compras prendas de moda o se ven bien en la modelo o alguien más; pero al ponértelo y verte frente al espejo, te das cuenta que no es lo que esperabas, no te queda como pensabas, que el color no te favorece tanto, que no te luce igual, y cuando vas a salir de tu casa, te regresas porque no te sientes segura de ir con ese atuendo. Estas acciones nos hacen, poco a poco acumular cosas que no usamos. Si logras hacerte consciente de esto, no volverás a abrir tu guardarropa y exclamar: "no tengo que ponerme". Te volverás más consciente al momento de comprar y buscarás atuendos que favorezcan tu cuerpo y tu rostro, con los colores adecuados y que te hagan sentir bien.

## ADIÓS AL PASADO

Toda la ropa que tenemos almacenada, al final ocupa un espacio físico, mental y emocional. Esto afecta en algunas áreas de nuestra vida, entendámoslo muy simple, si queremos recibir cosas nuevas en nuestra vida, debe haber espacio, de lo contrario, no pasará. Porque todo se encuentra ocupado y si lo examinas desde la perspectiva de tus procesos cerebrales, pudiera denotar que estás lleno y no puedes avanzar. ¿Estás seguro de que quieres quedarte con esa postura y no avanzar?

Lo primero que debes hacer es ser consciente, cuáles son las cosas que requieres en tu guardarropa, evaluar si son útiles para ti, si te hacen sentir ligero o pesado, si te encanta como te ves frente al espejo, al usarlas.

Deshazte de las prendas pasadas, agradece lo que te sirvieron y, a partir de este momento, reinvéntate, reencuéntrate y renuévate. Deja de lamentar si gastaste mucho dinero, si me lo regaló cierta persona, si lo use cuando tenía tantos años, ya cumplió su función. Es momento de expandirte, date la oportunidad y atrae nuevas cosas. Quizá podrías darles una segunda oportunidad a esas prendas: dónalas, haz un bazar de segunda mano, verás que cosas maravillosas sucederán cuando pongas en marcha estas acciones.

Tienes una tarea importante: abre las puertas de tu armario, observa qué tienes, separa en tres grupos, a) las cosas que más te gustan y te quedan bien; b) las que puedes donar o vender; y c) las que ya no se puede reutilizar. Ahora, puedes acomodar tus prendas por color, por temporada, por semana. Ponle creatividad para organizar mejor tu armario. Esto te ayudará a optimizar tu tiempo, cada vez que escojas el atuendo para tu día a día, pues estará visible y tendrás la certeza que está en buenas condiciones.

## BÁSICOS PARA MI GUARDARROPA

Después de esta depuración, es probable que te hayas quedado sin mucha ropa y ahora, ¿qué vas a hacer? Tener un armario consciente y funcional; para lo cual, te mencionaremos los básicos de tu guardarropa, las prendas estratégicas que te permitirán una variedad de combinaciones imprescindibles para verte acorde con cada actividad que realices.

**Figura 12.** Básicos para la mujer. Fuente: Elaboración propia, 2021.

| PRENDA | CARACTERÍSTICAS |
|---|---|
| • **Camisa blanca** | • Con botones o sin botones<br>• Tela ligera<br>• Estructurada (con forma y que se ajuste a tu tipo de cuerpo)<br>• Manga larga |
| • **Vestido negro** | • Liso (sin textura, adornos o detalles)<br>• Tela con cuerpo y caída<br>• Estructurado<br>• Largo medio<br>• Manga corta o sin manga |
| • *Jeans* **clásicos** | • Azul oscuro<br>• Tiro medio<br>• Corte recto<br>• Sin detalle de deslave o rasgadura |
| • **Gabardina** (*Trench coat*) | • Color neutro<br>• Corte clásico<br>• Cuidar el largo de acuerdo a la escala |
| • **Pantalones clásicos** | • Color negro, azul marino y gris oxford<br>• Corte recto<br>• Con pretina |
| • **Sacos** | • Colores neutros.<br>• Estructurado de preferencia de un botón al frente<br>• Cuidar ajuste de largo y mangas |
| • **Falda negra** | • Corte recto o de lápiz<br>• Largo medio<br>• Tela con cuerpo, no licra |
| • **Suéteres** | • Tonos neutros o lisos<br>• De lana o cashmere<br>• El cuello tipo "V" favorece a todos los estilos de cuerpo y a la mayoría de los rostros |
| • **Accesorios** | • Zapatos de tacón tipo stiletto de 10 cm, colores negro y nude<br>• Bolso estructurado de cuero en tonos negro, nude o camel |

**Figura 13.** Básicos para el hombre. Fuente: Elaboración propia, 2021.

| PRENDA | CARACTERÍSTICAS |
|---|---|
| • **Camisa lisa de vestir** | • Blanca<br>• Lisa o con pequeños detalles<br>• Ajustada (*Slim Fit*)<br>• Cuello inglés o el italiano |
| • **Pantalones de vestir** | • Colores neutros, negro o gris<br>• Corte recto<br>• Bolsas en los costados |
| • **Pantalón corte chino** | • Beige, camel o azul marino<br>• De tela tipo gabardina |
| • **Playera tipo polo** | • Blanco, blanco roto, azul y negro<br>• Talla correcta |
| • **Camiseta cuello "V"** | • Blancas, negras, grises, celestes y azules<br>• De algodón |
| • **Suéteres** | • Azul, negro, gris y arena<br>• Cuello tipo "V" o redondo<br>• De *cashmere* |
| • **Sacos** | • Azul marino<br>• De alta calidad<br>• De preferencia con un botón al frente |
| • **Trajes** | • Negro y azul obscuro<br>• Estructurado<br>• Liso o con rayas muy delgadas |
| • **Corbata** | • Lisa<br>• De algodón<br>• Negra |
| • **Accesorios** | • Zapatos negros de vestir con agujetas<br>• Mocasines cafés<br>• Cinturón negro con hebilla plata<br>• Cinturón marrón liso<br>• Reloj sutil, no ostentoso, con fondo blanco |

## ¿CÓMO PUEDO OPTIMIZAR MIS FINANZAS PARA ADQUIRIR LOS "BÁSICOS" DE VESTIR?

La forma más práctica es adquirir de prenda en prenda, poco a poco, para que inviertas en calidad, y sea durable. Haz compras inteligentes, puedes recurrir a las estrategias de mercado, comprar en fin de temporada; ya que son prendas atemporales y algún día vas a utilizarlas, así que cuando tengas la oportunidad de adquirirlas, hazlo. Si de zapatos y accesorios se refiere, puedes hacerlo de la misma forma. Para comprar de diseñador, has uso de las tiendas de segunda mano. Actualmente, hay varias empresas dedicadas a buscar artículos de calidad y ponerlos a la venta, dándoles una segunda oportunidad a un menor costo. Con esto contribuyes a evitar que la ropa se siga convirtiendo en uno de los principales contaminantes del planeta, no hay pretexto para no lucir increíble. Cuando aprendes a vestir tu cuerpo, sin duda, lograrás todo lo que te propongas, solo depende de ti.

## ¿Cómo puedo contribuir más a mi cuerpo?

Para concluir este capítulo, te pedimos tomes en cuenta que tú tienes la capacidad de transformar tu cuerpo, de acuerdo con las elecciones y las decisiones. ¿Qué queremos decir con esto? Que si algo no es compatible puedes cambiarlo, modificarlo, transformarlo, desde el reconocimiento, la comunión y la consciencia. Son muchas posibilidades, la elección es tuya; no dejes de preguntarle a tu cuerpo si eso es lo que realmente requiere, siéntete con toda la libertad de hacerlo, pero primero investiga bien y elige la opción te contribuya.

### CUIDADO INTEGRAL DEL CUERPO

El cuerpo necesita un cuidado integral, no solamente lucir bien, sino mantenerlo en un estado saludable, que le permita tener una mejor calidad de vida. Y sin duda, el acondicionamiento físico es elemental para nuestro cuerpo. No requieres de rutinas exorbitantes, sino un ejercicio que te aporte. Puedes hacer los básicos: caminar o trotar, yoga, ir al gimnasio, nadar; hay muchas opciones que puedes practicar. Lo importante es hacerlo, porque ya conoces la frase: "órgano que no se ejercita, se atrofia".

Finalmente, la alimentación junto con el ejercicio aportará salud y bienestar a tu vida. La importancia de lo que comes es un factor indispensable para verte y sentirte mejor. Cuida tus alimentos, pon atención en tus horarios de comida, ámate y consiéntete a través de esta. Si tienes un cuidado integral de tu cuerpo, los resultados se reflejarán, tu cuerpo se transformará, tu mente se renovará y con gozo todo avanza con mayor facilidad.

# III. UTILIZANDO TODO MI POTENCIAL

## ¿Cómo descubro mi grandeza?

A lo largo de los dos capítulos anteriores, uno de los objetivos principales ha sido que aprendas a "reconocerte" y seas honesto contigo. Si entiendes todo lo que te define, significará el primer gran paso para que descubras la gran contribución que puedes ser a este Universo. Aunque también hemos abordado que, muchas veces tenemos miedo de demostrar lo que somos porque nos pueden juzgar y esto siempre nos estará limitando.

Algo que queremos que tomes en cuenta, es dejar a un lado todos los prejuicios, ideas y creencias y vayas por tus sueños, por tus anhelos, por todas las cosas que expandan tu corazón y no importa cuáles sean, si te permiten estar vibrando en armonía contigo todas son válidas.

## ¿Cuál es mi propósito de vida?

A partir de esto, nace otra pregunta tan compleja y tan fácil como la de ¿quién soy? y ¿cuál es mi propósito de vida? ¿realmente debo tener un propósito en esta vida? ¿debo elegir algo? si tu respuesta es sí o no, ninguna de las dos es equivocada. Puedes elegir algo que quizá contribuya para ti en cinco, 10, 15 o 20 años, o bien puedes cada 10 segundos elegir tomar el rumbo que más te acerque a la realidad que quieres crear. Como lo hemos platicado en ocasiones pasadas, baja las barreras y recibe la energía de lo ligero y lo pesado con total honestidad. No con las expectativas que tus papás, amigos, espos@ o las personas que te rodean tengan sobre ti.

El propósito de vida es aquel que hace que tu corazón explote, que te saca una sonrisa cada vez que lo piensas, que te motiva a crear, que te hace flotar; sí, todo eso que percibiste al estar leyendo estas líneas, es lo que debes saber, ser, percibir y recibir.

## Análisis de tus Fortalezas, Oportunidades, Debilidades y Amenazas (FODA)

Te vamos a mostrar otra herramienta más, que contribuirá a tu transformación llamada FODA. Con esta redescubrirás tus fortalezas, tus debilidades, tus oportunidades y tus amenazas; porque si yo me conozco y me reconozco tal cual soy, tendré la oportunidad de fortalecer las áreas de oportunidad y explotar las cosas que me hacen único y diferente. También me podrán permitir saber el rumbo que debo tomar, cuando requiera emprender, soñar, crear y contribuir. Si tú sabes quién eres nadie tendrá el control sobre ti.

**Figura 14.** Diagrama FODA. Fuente: Elaboración propia, 2021.

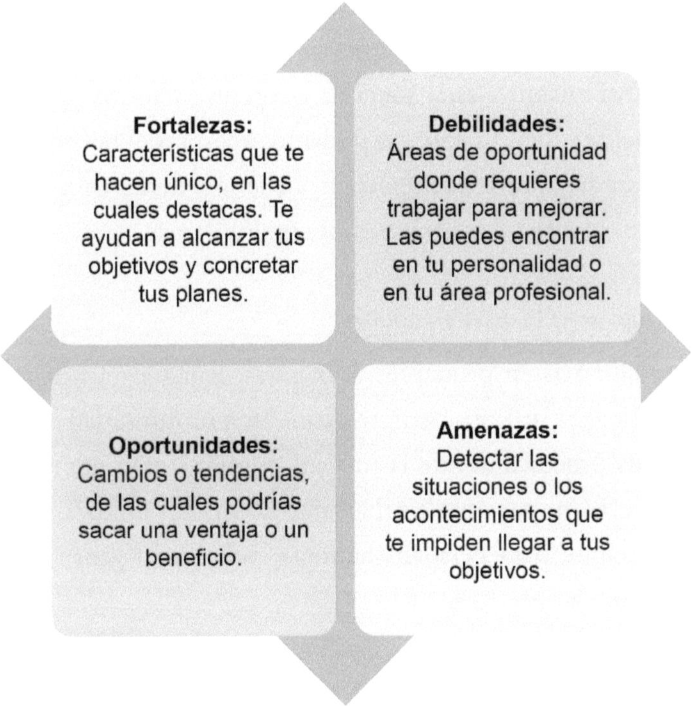

## ¿Por qué la imagen pública importa?

En el proceso de comunicación, la apariencia, predomina más que el mensaje. Víctor Gordoa (2007) menciona que de acuerdo con Mehrabian (1997), el 93% de la comunicación es través de la comunicación no verbal, donde el 55% corresponde a la imagen física y el 38% a la imagen verbal o paralenguaje siendo solo el 7% el mensaje, de ahí la necesidad de su conocimiento e implementación adecuada.

Podemos decir, que la percepción que tienen de nosotros las personas que nos rodean, es de gran relevancia, sobre todo, para los procesos que se generan a nivel cerebral cuando alguien nos conoce. Y si bien, en este libro hemos hablado mucho acerca de lo importante que es la percepción que tengas de ti mismo y estar fuera de estructura y forma para ser realmente quien tú eres, no podemos apartar del hecho, que también hay procesos importantes que se generan en nuestra mente cuando nos relacionamos con los demás.

## PRINCIPIOS DE LA IMAGEN PÚBLICA

Para ello existen principios o axiomas, llamados así dentro de la imagen que nos permiten conocer a profundidad cuáles son los procesos donde la imagen pública, toma gran relevancia. Es importante resaltar, que la imagen pública no es únicamente para personas famosas, políticos o gente reconocida.

## TODO TIENE UNA IMAGEN

Si observas a tu alrededor, podrás darte cuenta que todo lo que te rodea tiene una imagen y hace referencia al objeto que estás viendo, por ejemplo: si volteo hacia mi derecha y veo una taza de color blanco con café, ¿cómo sé que es de café? Por lo regular, yo suelo tomar café en esa taza y para mí resulta significativo describirla de esa forma; porque esos son los conceptos y los referentes que yo tengo de ese objeto.

Lo mismo pasa cuando alguien nos ve, finalmente, tendrá una imagen acerca de lo que nosotros representamos para ella; esto es, las personas nos ven de acuerdo a lo que ellas son, lo que te hemos mencionado en muchas ocasiones: hay algunas herramientas de las que podemos hacer uso para ser percibidos mucho mejor y poder generar mejores relaciones, de acuerdo a nuestros objetivos.

---

**🔔 IMPORTANTE: COMO SERES HUMANOS REQUERIMOS VIVIR EN SOCIEDAD, POR LO CUAL, NECESITAMOS INVOLUCRARNOS CON LAS PERSONAS QUE ESTÁN A NUESTRO ALREDEDOR.**

---

## LA PRIMERA IMPRESIÓN SÍ IMPORTA

Una persona genera una idea acerca de quiénes somos, entre los primeros cinco y 12 segundos, después de conocernos. Debemos tomar en cuenta que, la primera impresión, es la más importante. Cuando una persona te conoce genera un punto de vista acerca de ti; Al trabajar desde la consciencia, podemos tener la capacidad de permitir que la persona nos muestre quién es, sin antes establecer un juicio; aunque debemos dejar en claro, no todos los que nos rodean están en ese proceso.

## ¿Cómo puedo dar a conocer al mundo la gran contribución que soy?

Ahora que ya sabes esto, muéstrale al mundo quién realmente eres, no tengas miedo de hacerlo, recuerda que al final todo se convierte en un IPV. Si logras ser tú, eso percibirán los demás y harás una gran contribución, porque a través de ti, muchas personas podrán darse cuenta que existen posibilidades ilimitadas para crear su realidad y transformar su mundo.

### POSTURAS DE PODER

Si deseas estar en el camino que te lleve a lograrlo, como nosotras todo el tiempo, te vamos a compartir herramientas que pueden apoyarte en tu proceso; sí, sobre todo, en esos días que no sabes cómo explotar tu potencial, en los momentos que sientes que tu pila no está recargada. Para estas y otras situaciones, puedes poner en práctica alguna de las tres sugerencias que a continuación te explicamos.

**Figura 15.** Diferentes posturas de poder.
Fuente: Elaboración propia, 2021.

| POSTURA | DESCRPCIÓN | TIEMPO |
|---|---|---|
| **Mujer maravilla** | • Coloca tus brazos a la altura de tu cintura, como lo muestra la imagen<br>• Separa tus piernas al ancho de tus hombros<br>• Levanta la mirada, echa los hombros hacia atrás y que tu barbilla quede paralela con el piso | • Realiza esta postura de tres a cinco minutos |

| POSTURA | DESCRPCIÓN | TIEMPO |
|---|---|---|
| **Brazos en señal de victoria** | • Levanta tus brazos formando una "V" en señal de victoria<br>• -Separa tus piernas al ancho de tus hombros<br>• -Levanta la mirada, echa los hombros hacia atrás y que tu barbilla quede paralela con el piso | • Realiza esta postura de tres a cinco minutos |
| **Caminar erguido** | • Párate derecho<br>• Levanta la mirada, echa los hombros hacia atrás y que tu barbilla quede paralela con el piso<br>• Darás la impresión de ser más alta y te verás más atractiva con un figura más estilizada | • Permanente |

Estas posturas para nosotras resultan muy útiles, porque sin duda te pondrán en un estado de empoderamiento. Te sugerimos que las hagas durante el tiempo que se especifica, para que tu consciencia y tu cerebro las perciban y asimilen.

## ¿Estoy consciente de los mensajes que estoy transmitiendo?

La comunicación es una forma de expresar nuestras ideas ante los demás. Desde que somos muy pequeños empezamos a comunicarnos, a través de sonidos, luego de forma oral y después de manera escrita. De ahí, que tome gran importancia la forma de hablar y escribir, porque al expresarnos queda implícito el modo de pensar. Es tan importante estar conscientes cuando tenemos que transmitir, cualquier tipo de mensaje, para los demás. No olvidemos que nos desenvolvemos en diferentes contextos: familia, amigos, compañeros de trabajo, superiores; y que podemos hablar de ciertas formas en relación con el ambiente, sin embargo, debemos ser coherentes en todo momento, distinguir los diferentes escenarios para actuar conscientes y en equilibrio.

## COMUNICACIÓN VERBAL

La comunicación verbal es la manera de construir canales de entendimiento con otras personas para comunicarnos coherentemente. Por ejemplo: Ana es una mujer que no hace uso de palabras altisonantes y puede hablar y decirle a su amiga: 1."¡Hola qué tal!" "¿Cómo estás?" Me da mucho gusto saludarte; 2. "¿Qué onda?" Esta expresión podría ser una parte más informal, aunque es muy diferente que dijera "¡Hola!" "¿Qué pedo? ¿Cómo estás? Sonaría tan desfasado, dado que ella no utiliza ese tipo de palabras altisonantes. Por lo cual, te recomendamos que en todos los ámbitos prestes atención y analices la forma de desenvolverte, todos tenemos nuestro estilo, pero hay que demostrarlo conscientes. Mantén un equilibrio, si tú eliges hablar de una manera relajada, lo puedes hacer, pero no te vayas a los extremos, y en el ámbito laboral seas sumamente estricta, porque comenzarás a tener un doble discurso; cuando a una persona le toque conocerte en ambos escenarios, no te va a percibir como alguien confiable, dado que captará incongruencia en la forma de tu comunicación.

Así que vamos a tomar en cuenta tres puntos importantes en este ámbito:

1. Ser consciente cada vez que emitas un mensaje
2. Ser coherente con mi forma de pensar
3. Mostrar seguridad al hablar

Parece una tarea difícil, sin embargo, si practicamos ser coherentes y congruentes en todas las acciones, desde nuestro interior hacia el exterior, vamos a generar la seguridad para poder comunicarnos adecuadamente con las demás en cualquier ámbito y en cualquiera forma.

Otra recomendación es revisar lo que escribes. No olvides releer, las veces que sean necesarias, qué fue lo que escribiste, para que haya coherencia; sobre todo, procura no tener faltas de ortografía, esto hablará bien de ti.

Por último, si te llegas a sentir abrumado por alguna situación, piensa con más detenimiento qué vas a decir, toma una pausa y continúa hablando; si estás muy nervioso o estás perdiendo el control, trata de detenerte para retomar la plática y no la discusión. La educación y el respeto, en cualquier ámbito y en cualquier momento, siempre serán valorados, di lo que piensas desde estas dos cualidades.

### A) DE LA ABUNDANCIA DE TU SER SE EXPRESAN TUS PALABRAS

¿Sabías que lo que expresas, dice mucho de ti? De aquí el famoso dicho: "lo que dice Juan de Pedro, dice más de Juan que de Pedro". Si vivimos quejándonos, criticando, negando nuestra realidad, estamos enviando ese constante mensaje al Universo. Por eso es importante, estar presentes y conscientes de cada expresión que hacemos, ejemplo: "pues aquí estoy, pasándola, no hay más". Aquí se pudiera percibir inconformidad en la situación que te encuentras; pero si hablas cosas que edifiquen tu realidad, palabras de agradecimiento, sin duda crearás más para tu vida.

### B) CUIDA LA INFORMACIÓN CON QUE SE NUTRE TU SER

Y lo mismo pasa para lo que vemos o escuchamos, debemos cuidar la información que le ofrecemos a nuestro cerebro. Escucha y ve cosas que te expandan, cosas que te hagan sentir que eres tú, que no te contraigan. Lee un buen libro, platica con un buen amigo, evitando las quejas, el fastidio o el hartazgo; ya que este tipo de temas, giran en torno a un punto de vista limitante, sumergiéndonos en historias que no nos pertenecen.

Aprendamos a ser selectivos y a crear consciencia de la realidad que vemos, escuchamos y hablamos. Recuerda que "de la abundancia de tu corazón va a hablar tu boca", no puedes hablar de lo que no conoces, sin embargo, todo lo que puedas percibir, recibir y conocer comienza dentro de ti.

### C) ¿ESTOY CONSCIENTE DE LO QUE ESTOY PROYECTANDO?

Ahora, veamos la forma de comunicarnos con otros medios: posturas, gestos y ademanes; todo el tiempo estamos comunicando algo, por eso debemos ser conscientes de qué mensaje queremos transmitir y enfocar todos nuestros esfuerzos.

### COMUNICACIÓN NO VERBAL

Derivado de lo anterior, la comunicación no verbal se integra de un conjunto de códigos que intervienen en nuestra vida diaria, emitidos de forma permanente, mediante mensajes corporales o que no tienen que ver con la palabra oral o escrita; percibidos por las demás personas, de acuerdo con su experiencia.

### A) POSTURAS, GESTOS Y ADEMANES

Hablaremos de las posturas al caminar y al estar sentado en el siguiente cuadro:

**Figura 16.** Posturas para caminar y permanecer sentado.
Fuente: Imagen Web, 2021.

| POSTURAS | CONSEJOS PRÁCTICOS |
|---|---|
| **Para caminar** | • Hazlo con la mirada al frente<br>• La barbilla hacia al piso<br>• Los hombros echados hacia atrás<br>• La espalda recta, imagina que las personas que están detrás de ti, te observan |
| **Para estar sentado** | • Que tus glúteos estén bien recargados hacia la escuadra del respaldo de la silla<br>• Mantén la espalda recta<br>• Echa los hombros hacia atrás<br>• Coloca las plantas de los pies firmes sobre el piso, aun cuando cruces una pierna |

### B) CONÉCTATE CON LAS PERSONAS

Dos recomendaciones infalibles para poder llegar a hacer una verdadera conexión con las personas que nos relacionamos:

1. Mantén la mirada hacia tu interlocutor. Cuando platiques con alguien, míralo a los ojos. Esto brindará confianza y sabrá que estás poniendo atención a la conversación.
2. Sonríe. Sin duda, esta acción generará empatía, una sonrisa siempre será una contribución al Universo.

## ¿Cómo puedo crear más a través del gozo?

El gozo es una energía de expansión, es una energía que te permite ser creativo y ver las infinitas posibilidades que están disponibles para ti. Esta energía debe emanar desde las cosas que realmente haces y no de las que haces por compromiso, por cubrir expectativas, por quedar bien o simplemente por tener el reconocimiento de los demás. Aquí, te decimos que una no es mejor ni peor que otra, lo que te pedimos es que percibas la energía que hay detrás de cada una y la facilidad para que elijas.

### SALIENDO DE LA CAJA, DESCUBRIENDO LO QUE AMO

Debes salir de la caja y ver realmente cuáles son las cosas que te hacen único y especial. Para lo cual, ya tienes un análisis FODA previo, donde observaste cuáles son las características que te diferencian de las personas que te rodean, incluso las que no. Siempre tenemos algo que compartir y que se podría convertir en una hermosa contribución para otros.

## ¿Cómo emprender siendo yo?

Si tú logras descubrir esto y hacer algo que puedas compartir con los demás, puede ser el inicio para emprender. Muchas veces, tenemos en mente algo y pocas veces lo llevamos a la práctica, por el miedo que nos representa, lo que nos limita; qué tal si esta vez dejas todos esos juicios y comienzas a contribuir, a través de tu talento, en la vida de los demás.

### GUÍA RÁPIDA DE EMPRENDIMIENTO

Trata de dar respuesta a las siguientes preguntas, hazlo con calma y honestidad, desde la consciencia, los resultados te sorprenderán.

**Figura 17.** Cuestionario para emprender.
Fuente: Elaboración propia, 2021.

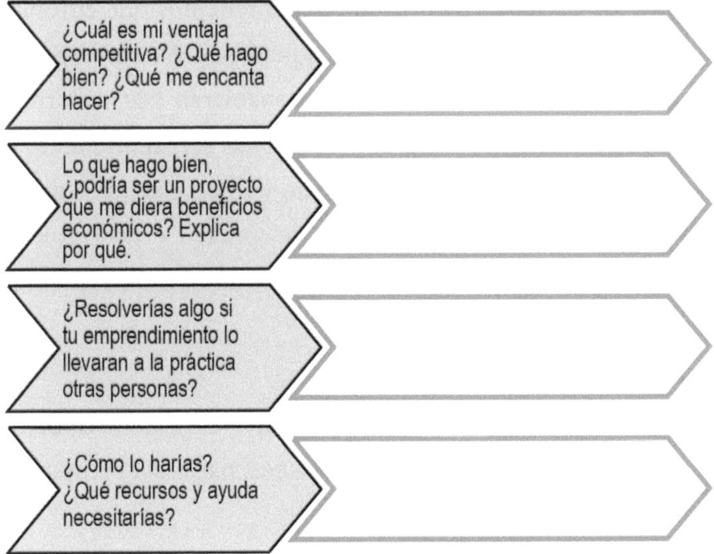

Una vez que hayas dado respuesta a cada una de las preguntas, podrás observar que todos contamos con algo, y con eso podemos crear más, plantéate fechas, establece metas, no dejes en estas hojas, la gran idea que representa lo que eres.

## ¿Cómo hacer que los demás me perciban aún mejor?

Es increíble todo lo que hemos avanzado hasta este momento, pero aún tenemos algunos consejos, que podrán hacer que las personas te perciban aún mejor, a partir de todos los cambios que ya implementaste.

### ETIQUETA Y PROTOCOLO PROFESIONAL

La parte de la etiqueta y el protocolo, en muchas ocasiones, representa una carga. Si lo ves desde el punto de vista, que se trata de patrones rígidos, los cuales tenemos que cumplir para poder relacionarnos con otras personas, sin embargo, se trata de algo más fácil. Los detalles hablarán por nosotros, si tú pones atención a estos, las personas se darán cuenta y verán en ti a un individuo preparado y respetuoso, porque el protocolo y la etiqueta son formas de convivir y mostrar le al mundo, que cada persona con la que estamos es importante.

### A) REUNIONES DE TRABAJO

Tres cosas que debes considerar para una reunión de trabajo, no importa si es la primera vez o ya eres parte del equipo:

1. Cuidado personal. Poner atención que tu ropa se encuentre limpia, planchada, que sea de tu medida. Procurar estar bañado, muy bien peinado, llevar el calzado limpio y portar un perfume discreto.
2. En cuanto al trato laboral se trata, no debe haber distinción para ningún género, siempre debe prevalecer el respeto ante la preferencia sexual, la religión que se profese y la simpatía ante un partido político. Es importante, que no olvides las nuevas medidas, a partir de la pandemia (covid—19), mantener tu sana distancia, portar tu cubrebocas y usar gel antibacterial.
3. Adopta una postura adecuada, camina erguido, sonríe, mantén el contacto visual con tus interlocutores y sé auténtico.

### B) *HOME OFFICE*

A partir de la pandemia, muchas cosas cambiaron, tuvimos que adaptarnos y realizar nuestras actividades cotidianas de distintas formas. El mundo tuvo cambios inesperados, tuvimos que buscar diferentes posibilidades para poder salir adelante en el menor tiempo posible. Por lo cual, volvimos a demostrar que podemos adecuarnos y reeducarnos en circunstancias adversas. Uno de los cambios inmediatos fue el trabajo desde casa.

Cambiamos las oficinas y la convivencia diaria con las personas dentro de un mismo espacio, a adecuar un espacio en la intimidad de nuestro hogar. Las reuniones de trabajo a través de internet, se volvieron parte de nuestra cotidianeidad. Para ayudarte con este tema, te vamos a enlistar en el siguiente cuadro (figura 18) algunos puntos, en cuanto al tipo de espacio, la vestimenta y la forma de comportarse en una reunión vía internet.

**Figura 18.** Consejos prácticos para reunión por internet.
Fuente: Elaboración propia, 2021.

| ESPACIO | VESTIMENTA | PROTOCOLO |
|---|---|---|
| • Exclusivo para trabajar<br>• Iluminado<br>• Ordenado<br>• De preferencia, con detalles ambientales<br>• Libre de ruido y de tránsito humano<br>• Sin distractores | • Cómoda, pero presentable<br>• Cabello peinado<br>• Dientes y manos limpios<br>• Maquillaje ligero<br>• Accesorios mínimos | • No llegar tarde<br>• Mantener la cámara encendida a excepción, cuando debas moverte<br>• Micrófono apagado<br>• Avisa en casa que te encuentras en reunión<br>• Actitud educada, atenta<br>• Evitar comentarios personales<br>• No comer durante la reunión<br>• Cuida tus gestos y expresiones<br>• Evitar distracciones como el celular |

Recuerda, el mejor protocolo que puedes tener es hacer bien tu trabajo, esa será tu mejor carta de presentación.

## ¿Qué más es posible crear?

Estando en un mundo de infinitas posibilidades, van a existir miles de elecciones que podemos ir tomando cada 10 segundos, las cuales nos van a permitir crear y transformar nuestra realidad; así que no te limites, recuerda que el Universo te respalda.

## RECONECTA CON TU ABUNDANCIA

Hemos vivido con la idea equivocada, de que las personas son abundantes por tener posesión de muchas cosas; sin embargo, el estado natural aquí en el planeta tierra, contrariamente a cualquier creencia, es un estado de abundancia. Si contemplas la naturaleza y miras a tu alrededor, distinguirás la riqueza en todo: árboles, plantas, flores, océanos, mares y ríos. Así, observamos que la naturaleza simplemente es, recibe la abundancia como un flujo de energía constante.

La mayoría de la gente crea con base en la polaridad, entendida como no tengo lo que quiero, así que quiero conseguirlo; si analizas bien, este es un estado de carencia, donde la mayoría de la gente trata de obtener lo que quiere. No hay nada de malo en este proceso, así nos enseñaron; en cambio, si seguimos manteniendo este punto de vista, nos llevará más tiempo alcanzar nuestros objetivos. Si creamos a partir de la carencia, estamos usando nuestros sentidos, el tiempo, el espacio y las emociones para definir nuestra realidad; recordemos que el punto de vista crea nuestra realidad, la realidad no crea nuestro punto de vista.

Pero si eliges crear desde un estado de abundancia, donde ya eres poseedor de todo lo disponible, tu vida cambia. La percepción de la carencia se transforma y todo llega a ti con facilidad y gozo, dándote infinitas posibilidades de creación para tu vida.

## RETOMA TU RELACIÓN CON EL DINERO

Ahora bien, ya vimos que la abundancia no es el dinero, ¿entonces qué es el dinero? El dinero es una energía que tú ya eres, pero que no has estado dispuesto a reconocer en ti. Has actuado desde diversos puntos de vista, que han entorpecido la facilidad para que llegue a tu vida con todas las responsabilidades que conlleva. Quizás en este momento te estés preguntando, ¿cómo no voy a querer tener más dinero? Pues sí, tú has elegido a partir de los puntos de vista que no te han ayudado, en lugar de ser la energía del dinero y la energía de la creación.

## TUS PUNTOS DE VISTA SOBRE EL DINERO Y SU CREACIÓN

Vamos a hacer un ejercicio fácil para que identifiques cuáles son los puntos de vista, que están bloqueando tu flujo de energía con el dinero. Tómate el tiempo suficiente para responderlo y hazlo con honestidad.

1. ¿Qué es el dinero?

______________________________________________

______________________________________________

______________________________________________

______________________________________________

2. ¿Qué significa el dinero para ti?

______________________________________________

______________________________________________

______________________________________________

______________________________________________

3. ¿Qué emociones te genera el dinero?

4. ¿Qué es más fácil para ti, ganarlo o gastarlo?

5. Describe tres problemas que hayas tenido con el dinero

6. ¿Qué piensas sobre la gente que tiene una posición económica alta?

7. ¿Qué implicaría para ti tener dinero?

8. ¿Cuál sería una manera fácil de obtener dinero?

___

___

___

9. Describe la relación que mantienes con el dinero.

___

___

___

Todo lo que has respondido tiene una relación directa con los puntos de vista, que tienes acerca de crear, de tener y de ser la energía del dinero. El dinero debería ser como la relación que mantienes con alguien más. Debes ser cuidadoso, amoroso, poseerlo sin ninguna restricción; porque, siguiendo con el ejemplo, ¿crees que va a querer estar contigo si tú todo el tiempo lo estás juzgando, criticando y alejando? Pues no, probablemente él quiera estar en tu vida, pero con todos estos puntos de vista sería difícil hacerlo, así que puedes comenzar a cambiar la forma de relacionarte con él y atraerlo desde la energía de creación y de contribución. ¿Qué energía, espacio, consciencia y elección podría cambiar mi forma de relacionarme con el dinero con facilidad y gozo?

## Implantes distractores

Por último, queremos hablarte de los implantes distractores, los cuales están hechos para distraerte de lo que te da libertad. Su principal propósito es que te mantengas reactivo, en lugar de estar activo y minimizan tu habilidad de actuar conscientemente ante cualquier situación que se te presente.

Estos implantes se activan por los eventos, situaciones y cosas que acontecen en tu vida, en tu día a día. Recordándote patrones o situaciones que ya has experimentado antes, creando distracciones y reacciones involuntarias que te impiden realmente ser. Debes estar muy atento para reconocerlos y no funcionar desde ahí.

### CONTROL

Si quieres controlar todo, te limitas a recibir lo que el Universo te quiere dar, pero si adoptas otra actitud, las cosas te pueden llegar de todas partes. La actitud de control te mantiene, te guía y te muestra lo que ya conoce, no te indica las nuevas posibilidades. Como si tu cerebro fuera un archivero en donde vas acomodando todos esos eventos, todo lo que ya conoces; entonces cuando el Universo te manda algo que no está ahí archivado, una nueva posibilidad, tu mente no la va a recibir, porque no la va a detectar. Querer tener el control, sobre todo, indica desconfianza en los demás y en el Universo; tú misma limitas lo que el Universo tiene para ti.

### SENTIMIENTOS

También hemos considerado los sentimientos estados afectivos que te anclan a una energía que te limita. No te permiten establecer posibilidades infinitas, ya que únicamente estás pensando y buscando todas las sensaciones y situaciones que te generen satisfacción. Y sabes, muchas veces existe una carga del deber ser, que no eres tú; lo cual genera gran pesadez, limitando tu expansión.

EMOCIONES

Anclarte en una emoción puede limitar, a menudo, tu energía. Nuestra recomendación es que revises los conceptos que tienes sobre las emociones, dado que les damos estructura y significado y nos anclamos en estos puntos de vista. Recuerda, no estamos juzgando las emociones, simplemente, que si vives a través de ellas estarás repitiendo una serie de patrones distractores, limitando tu verdadera grandeza.

---

**VIVE DESDE TU SER, DESDE LA GRANDEZA DE LO QUE REALMENTE ERES, SIN JUICIOS NI EXPECTATIVAS, FLUYENDO CON TOTAL FACILIDAD Y GOZO.**

---

## Universo muéstrame ¿qué más hay para mí?

Vivir en la consciencia es vivir en la pregunta, por lo cual, este libro no termina en una conclusión, sino en una pregunta que te llevará sin duda a ver más posibilidades. Lo importante es que te des cuenta del gran potencial de elección que en verdad eres, así que, a partir de hoy, debes seguir ejercitando tu consciencia, tal cual ejercitas tu cuerpo para que se fortalezca, y al final luzca como tú elijas. Creando tu realidad, desde tu *ser infinito e ilimitado.*

Pregúntate todos los días, hazlo a cualquier hora, y si en algún momento no sientes que estas eligiendo correctamente, cambia la dinámica, la hora, el lugar, pero no desistas. Recuerda, si tienes alguna inquietud transfórmala en pregunta, no la concluyas, deja que el Universo te muestre todo lo que tiene disponible para ti.

Este camino requiere de tu compromiso. La constancia, sin duda, será la base de todo esto que hoy eliges ser. Mantente en permisión y agradece tu proceso sin señalarlo, respeta todo tu desarrollo.

Brilla y que nada impida que tu magia se muestre. Tú puedes ser la luz que ilumine la vida de los demás y, por favor, ¡Deja de juzgarte! Jamás vuelvas a pensar que eres pendej@ por alguna elección que hayas tomado en tu vida. Recuerda, nada es bueno ni malo, simplemente es. Si algo no salió como esperabas, recíbelo con el mismo agrado que te permita que tu energía, no se apague. Traspásalo con facilidad y continúa fluyendo.

# REFERENCIAS


BEISTEGI, Maider (2013). *Mandela: 27 años de cautiverio que trasformaron a un líder.* Euskal Irrati Telebista — Radio Televisión Vasca (EITB). En https://www.eitb.eus

GONZÁLEZ de Cosío, Antonio (2014). *El libro del estilo.* Distrito Federal, México: Océano.

GONZÁLEZ de Cosío, Antonio (2017). *El arte del shopping.* México: Océano.

GONZÁLEZ de Cosío, Antonio y Lara, Lucy (2012). *El poder de la ropa.* España: Océano.

GORDOA, Víctor (2007). *El poder de la Imagen Pública. Plan maestro para inspirar confianza y ganar credibilidad.* México: Debolsillo.

GORDOA, Víctor (2007). *Imagología. Todo lo que necesita saber para crear su Imagen.* México: Debolsillo.

HEER, Dain (2011). *Siendo tú cambiando el mundo.* Estados Unidos de América: Access Consciousness Publishing Company.

HEER, Dain (2015). *El gozo de tu cuerpo.* Estados Unidos de América: Access Consciousness Publishing Company.

HEER, Dain y Gary, Douglas (2018). *El dinero no es el problema, tú lo eres.* Estados Unidos de América: Access Consciousness Publishing Company.

LARA, Lucy (2019). *Estilo y Poder. Conoce las reglas de la moda, para romperlas y gozarlas.* México: Aguilar.

OXFORD Léxico. Oxford University Press. En https://www.lexico.com/

PARSONS, Alyce y Diana, Parente (1991). *Estilos Universales, viste por quien eres y por lo que quieres.* Estados Unidos de América: Clean and Tight Contents Edition.

SÁNCHEZ, Macarena (2017). *Colorimetría, el método que establece la armonía entre la personalidad y los colores.* INFOBAE. En https://www.infobae.com/

¿Y SI DEJAS DE HACERTE PENDEJ@?
de *Lucy Castillo & Vanessa Cano*

Se terminó de imprimir en julio de 2021 en Guadalajara, Jalisco, México. Se tiraron 100 ejemplares. Para su diseño se usaron fuentes de la familia Adobe Garamond Pro a 9-20 puntos. Cuidaron de la edición las autoras. El diseño editorial y la impresión fueron por cuenta de Punto&Coma Editores para el sello editorial Galaxia Literaria.

*hola@galaxialiteraria.com*
*www.galaxialiteraria.com*
*informes@puntoycomaeditores.com*
*www.puntoycomaeditores.com*

Tel. y WhatsApp: 33 14822765

www.ingramcontent.com/pod-product-compliance
Ingram Content Group UK Ltd.
Pitfield, Milton Keynes, MK11 3LW, UK
UKHW040031200726
13854UKWH00001B/473

9 798528 581705